JN064811

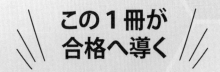
この1冊が
合格へ導く

マイナンバー保護士
認定試験
公式精選問題集

出題内容

課題1	（課題1） マイナンバー法の理解	番号法の背景・概要
		総則
		個人番号
		個人番号カード
		特定個人情報の提供
		特定個人情報の保護
		特定個人情報の取扱いに関する監督等
		機構処理事務の実施に関する措置
		法人番号
		雑則・罰則
課題2	（課題2-1） マイナンバー制度の実務	従業員とマイナンバー
		企業取引とマイナンバー
		個人事業主とマイナンバー
		銀行・証券会社とマイナンバー
		不動産取引とマイナンバー
		その他の事業者とマイナンバー
		個人とマイナンバー
		マイナンバーカードの利活用
	（課題2-2） マイナンバーの安全管理措置	マイナンバー利用における脅威
		安全管理措置の検討手順
		基本方針・取扱規定の策定

		マイナンバーの組織的安全管理措置
		マイナンバーの人的安全管理措置
		マイナンバーの物理的安全管理措置
		マイナンバーの技術的安全管理措置
		特定個人情報の漏えい時の対応

試験内容

制限時間	課題Ⅰ・課題Ⅱ 合計 150 分
問題数	課題Ⅰ:40 問　課題Ⅱ:50 問
合格点	課題Ⅰ・課題Ⅱ 各 70%以上
検定料	11,000円（税込）
備考	(1)出題項目が変更となる場合がありますので、受験申込時にホームページにてご確認ください。 (2)制限時間に説明時間等は含みません。 (3)試験は筆記試験でマークシートにより実施します。
受験資格	国籍・年齢等に制限はありません。

お問合せ先

一般財団法人　全日本情報学習振興協会

東京都千代田区神田三崎町 3-7-12　清話会ビル 5 階

TEL：03-5276-0030　FAX：03-5276-0551

https://www.joho-gakushu.or.jp/

CONTENTS

【課題1】マイナンバー法の理解

問題1. 個人番号制度の運用に関する次のaからdまでの出来事の発生順として最も<u>適切な</u>ものを、以下のアからエまでのうち1つ選びなさい。

a. 国税・地方税・社会保障関係手続（年金関係を除く）において利用開始

b. 情報連携の本格運用開始

c. 年金関係手続の情報連携の本格運用開始

d. マイナンバーカードと健康保険証の一体化

ア．a→b→c→d

イ．a→c→b→d

ウ．b→a→c→d

エ．b→a→d→c

個人番号制度

a. 国税・地方税・社会保障関係手続（年金関係を除く）において利用開始
b. 情報連携の本格運用開始
c. 年金関係手続の情報連携の本格運用開始
d. マイナンバーカードと健康保険証の一体化

解答：ア

問題２．番号法の目的条文に関する以下のアからエまでの記述のうち、最も
　　　　適切ではないものを１つ選びなさい。

　ア．行政機関、地方公共団体その他の行政事務を処理する者が、効率
　　　的な情報の管理及び利用並びに他の行政事務を処理する者との間に
　　　おける迅速な情報の授受を行うことができるようにすることを目的
　　　としている。

　イ．行政運営の効率化及び行政分野におけるより公正な給付と負担の確
　　　保を図ることを目的としている。

　ウ．個人番号その他の特定個人情報の取扱いが安全かつ適正に行われる
　　　よう、個人情報保護法の特例を定めることを目的としている。

　エ．国民が、手続の簡素化による負担の軽減、本人確認の簡易な手段そ
　　　の他の利便性の向上を得られるようにすること、並びに行政運営の
　　　透明性の向上が図られるようにすることを目的としている。

番号法の目的

　この法律は、行政機関、地方公共団体その他の行政事務を処理する者が、個人番号及び法人番号の有する特定の個人及び法人その他の団体を識別する機能を活用し、並びに当該機能によって異なる分野に属する情報を照合してこれらが同一の者に係るものであるかどうかを確認することができるものとして整備された情報システムを運用して、効率的な情報の管理及び利用並びに他の行政事務を処理する者との間における迅速な情報の授受を行うことができるようにするとともに、これにより、行政運営の効率化及び行政分野におけるより公正な給付と負担の確保を図り、かつ、これらの者に対し申請、届出その他の手続を行い、又はこれらの者から便益の提供を受ける国民が、手続の簡素化による負担の軽減、本人確認の簡易な手段その他の利便性の向上を得られるようにするために必要な事項を定めるほか、個人番号その他の特定個人情報の取扱いが安全かつ適正に行われるよう個人情報の保護に関する法律（平成十五年法律第五十七号）の特例を定めることを目的とする。

肢エの記述にある、「行政運営の透明性の向上が図られるようにすること」は規定されていない。

解答：エ

問題3．番号法の目的に関する以下のアからエまでの記述のうち、最も<u>適切</u><u>な</u>ものを1つ選びなさい。

ア．国民の的確な理解と批判の下にある公正で民主的な行政の推進に資することを目的とすることが、番号法の目的として定められている。

イ．デジタル社会の進展に伴い個人情報の利用が著しく拡大していることに鑑み、個人情報の適正な取扱いに関し、基本理念及び政府による基本方針の作成その他の個人情報の保護に関する施策の基本となる事項を定め、国及び地方公共団体の責務等を明らかにすることが、番号法の目的として定められている。

ウ．本人確認の簡易な手段その他の利便性の向上を得られるようにするために必要な事項を定めることが、番号法の目的として定められている。

エ．個人情報を適切かつ効果的に活用すること等により、新たな産業の創出並びに活力ある経済社会及び豊かな国民生活の実現に資するものであることその他の個人情報の有用性に配慮しつつ、個人の権利利益を保護することが、番号法の目的として定められている。

番号法の目的

　本問は、番号法の目的（法1条）に関する理解を問うものである。

ア不適切。国民の的確な理解と批判の下にある公正で民主的な行政の推進に資することを目的とすることが定められているのは、行政機関の保有する情報の公開に関する法律（情報公開法1条）であり、番号法（法1条）では定められていない。

イ不適切。デジタル社会の進展に伴い個人情報の利用が著しく拡大していることに鑑み、個人情報の適正な取扱いに関し、基本理念及び政府による基本方針の作成その他の個人情報の保護に関する施策の基本となる事項を定め、国及び地方公共団体の責務等を明らかにすることが定められているのは、個人情報保護法であり、番号法（法1条）では定められていない。

ウ適　切。本記述のとおりである。（法1条）

エ不適切。個人情報を適切かつ効果的に活用すること等により、新たな産業の創出並びに活力ある経済社会及び豊かな国民生活の実現に資するものであることその他の個人情報の有用性に配慮しつつ、個人の権利利益を保護することが定められているのは、個人情報保護法であり、番号法（法1条）では定められていない。

解答：ウ

問題4. 番号法における用語の定義（2条）に関する以下のアからエまでの
記述のうち、最も<u>適切ではない</u>ものを1つ選びなさい。

ア. 番号法において「本人」とは、個人番号によって識別される特定の
個人をいう。

イ. 番号法において「行政機関」とは、国家行政組織法で定める省、委
員会及び庁をいい、内閣府は除かれる。

ウ. 番号法において「個人番号関係事務実施者」とは、個人番号関係事
務を処理する者及び個人番号関係事務の全部又は一部の委託を受け
た者をいう。

エ. 番号法において「個人番号利用事務実施者」とは、個人番号利用事
務を処理する者だけでなく、個人番号利用事務の全部又は一部の委
託を受けた者も含まれる。

用語の定義

ア適　切。番号法において「本人」とは、個人番号によって識別される
特定の個人をいう（2条6項）。

イ不適切。番号法において「行政機関」とは、個人情報保護法の2条8
項に規定する以下の行政機関をいう（2条1項）。

一　法律の規定に基づき内閣に置かれる機関（内閣府を除く。）
及び内閣の所轄の下に置かれる機関

二　内閣府、宮内庁並びに内閣府設置法49条1項及び第二項
に規定する機関（これらの機関のうち第四号の政令で定
める機関が置かれる機関にあっては、当該政令で定める
機関を除く。）

三　国家行政組織法3条第2項に規定する機関（第5号の政
令で定める機関が置かれる機関にあっては、当該政令で
定める機関を除く。）

四　内閣府設置法39条及び55条並びに宮内庁法16条2項の
機関並びに内閣府設置法40条及び56条（宮内庁法第十八
条第一項において準用する場合を含む。）の特別の機関で、
政令で定めるもの

五　国家行政組織法8条の2の施設等機関及び同法8条の3の
特別の機関で、政令で定めるもの

六　会計検査院

ウ適　切。番号法において「個人番号関係事務実施者」とは、個人番号
関係事務を処理する者及び個人番号関係事務の全部又は一部
の委託を受けた者をいう（2条13項）。

エ適　切。番号法において「個人番号利用事務実施者」とは、個人番号
利用事務を処理する者及び個人番号利用事務の全部又は一部
の委託を受けた者をいう（2条12項）。

解答：イ

問題5．番号法2条8項における「特定個人情報」とは、「個人番号」をその内容に含む個人情報をいうが、ここでいう「個人番号」に関する以下のアからエまでの記述のうち、最も<u>適切</u>なものを1つ選びなさい。

ア．個人番号に1を足したものなど個人番号を変換したものは、ここでいう「個人番号」に該当しない。

イ．医療保険の被保険者番号等、社会保障分野で用いる既存の記号番号は、ここでいう「個人番号」に該当する。

ウ．情報提供ネットワークシステムを使用した情報提供等の際に用いられる符号は、ここでいう「個人番号」には該当しない。

エ．個人番号を暗号化等により秘匿化したものであっても、その秘匿化されたものは、ここでいう「個人番号」に該当する。

〔2条8項に規定する個人番号〕

ア不適切。個人番号に1を足したものなど個人番号を変換したものは、2条8項に規定する「個人番号」に該当する。

イ不適切。医療保険の被保険者番号等、社会保障分野で用いる既存の記号番号は、2条8項に規定する「個人番号」には該当しない。

ウ不適切。情報提供ネットワークシステムを使用した情報提供等の際に用いられる符号は、2条8項に規定する「個人番号」に該当する。

エ適　切。個人番号を暗号化等により秘匿化したものであっても、その秘匿化されたものは、ここでいう「個人番号」に該当する。

解答：エ

問題６．「個人番号」に関する以下のアからエまでの記述のうち、最も<u>適切ではないもの</u>を１つ選びなさい。

ア．個人番号の唯一無二性を利用して個人の特定に用いる場合は、個人番号に該当することがある。

イ．一定の法則に従って、個人番号をアルファベットに置き換えた場合、個人番号に該当しない。

ウ．個人番号を暗号化等により秘匿化された場合であっても、当該秘匿化された情報は個人番号に該当する。

エ．事業者が、社員を管理するために付している社員番号等であって、当該社員の個人番号を一定の法則に従って変換していないものは、個人番号に該当しない。

個人番号

　本問は、個人番号に関する理解を問うものである。

ア適　切。本記述のとおりである。

イ不適切。一定の法則に従って、個人番号をアルファベットに置き換えた場合、個人番号に該当する。

ウ適　切。個人番号は、仮に暗号化等により秘匿化されていても、その秘匿化は個人番号を一定の法則に従って変換したものであることから、法２条８項に規定する個人番号に該当する。

エ適　切。本記述のとおりである。

解答：イ

問題 7. 番号法に関する次の文章中の（　　）に入る<u>適切な</u>語句の組合せを、以下のアからエまでのうち１つ選びなさい。

> 番号法４条・５条・６条では、番号制度における国・地方公共団体・事業者の役割が規定されている。４条では国の（　a　）、５条では地方公共団体の（　b　）、６条では事業者の（　c　）が規定されている。

ア．a．責務　　　b．責務　　　c．責務

イ．a．責務　　　b．努力　　　c．努力

ウ．a．責務　　　b．責務　　　c．努力

エ．a．努力　　　b．努力　　　c．努力

番号法における国等の責務

（国の責務）

第四条　国は、前条に定める基本理念（以下「基本理念」という。）にのっ
　　　　とり、個人番号その他の特定個人情報の取扱いの適正を確保するた
　　　　めに必要な措置を講ずるとともに、個人番号及び法人番号の利用を
　　　　促進するための施策を実施するものとする。

　　２　国は、教育活動、広報活動その他の活動を通じて、個人番号及び
　　　　法人番号の利用に関する国民の理解を深めるよう努めるものとす
　　　　る。

（地方公共団体の責務）

第五条　地方公共団体は、基本理念にのっとり、個人番号その他の特定個人
　　　　情報の取扱いの適正を確保するために必要な措置を講ずるととも
　　　　に、個人番号及び法人番号の利用に関し、国との連携を図りなが
　　　　ら、自主的かつ主体的に、その地域の特性に応じた施策を実施する
　　　　ものとする。

（事業者の努力）

第六条　個人番号及び法人番号を利用する事業者は、基本理念にのっとり、
　　　　国及び地方公共団体が個人番号及び法人番号の利用に関し実施する
　　　　施策に協力するよう努めるものとする。

解答：ウ

問題 8. 個人番号に関する以下のアからエまでの記述のうち、<u>誤っているも</u>のを1つ選びなさい。

ア．個人番号とは、所定の規定により、住民票コードを変換して得られる番号であって、当該住民票コードが記載された住民票に係る者を識別するために指定されるものをいう。

イ． 新たに子が誕生した場合は、出生届を提出し、住民票登録がされた時点で、個人番号が作成される。

ウ．日本の国籍を有しない外国人であっても、住民票コードが住民票に記載されている者は、個人番号の付番の対象となる。

エ．個人番号を付番された者が国外に転出した場合、その者の個人番号は無効となるため、その後に国内に転入した際は、無効となった個人番号とは異なる新しい番号が指定される。

個人番号

ア　正しい。 個人番号とは、所定の規定により、住民票コードを変換して得られる番号であって、当該住民票コードが記載された住民票に係る者を識別するために指定されるものをいう（法2条6号）。

イ　正しい。 新たに子が誕生した場合は、出生届を提出し、住民票登録がされた時点で、個人番号が作成される。

ウ　正しい。 個人番号の付番の対象となる者は、行政事務の対象となる者であることに鑑み、住民基本台帳法7条13号の住民票コードが住民票に記載されている日本の国籍を有する者及び住民基本台帳法30条の45の表の上欄に掲げる外国人住民（中長期在留者、特別永住者、一時庇護許可者及び仮滞在許可者、経過滞在者）とされている（番号法7条1項参照）。

エ　誤り。 国外へ転出する場合は、転出届を提出する際に、通知カードまたはマイナンバーカードの返納の手続を行う。国外転出により返納した旨の記載を行い、カードは返却される。通知カードまたはマイナンバーカードは失効するが、その後国内に転入される際に同じ番号を使うため、カードを大切に保管する必要がある。

解答：エ

問題９．個人番号の指定に関する以下のアからエまでの記述のうち、最も
適切ではないものを１つ選びなさい。

ア．個人番号の指定は、市町村長（特別区の区長を含む。以下同じ。）
が、地方公共団体情報システム機構から個人番号とすべき番号の通
知を受けた時に行われる。

イ．市町村長は、外国人であっても、住民票に住民票コードを記載した
ときは、個人番号とすべき番号を個人番号として指定しなければな
らない。

ウ．市町村長は、住民票に住民票コードを記載したときは、速やかに、
個人番号を指定しなければならない。

エ．市町村長は、個人番号を指定された者に対し、当該個人番号を氏名、
住所などが記載された通知カードにより通知しなければならない。

| 個人番号の指定 |

本問は、個人番号の指定（法７条１項）に関する理解を問うものであ
る。

ア適　切。 個人番号の指定は、市町村長（特別区の区長を含む。以下同
じ。）が、地方公共団体情報システム機構から個人番号とす
べき番号の通知を受けた時に行われる（令２条）。

イ適　切。 市町村長は、外国人であっても、住民票に住民票コードを記
載したときは、個人番号とすべき番号を個人番号として指定
し、これを通知しなければならない。

ウ適　切。 市町村長は、住民票に住民票コードを記載したときは、速や
かに、個人番号を指定しなければならない（法７条１項）。

エ不適切。 従来、通知カードが発行されていたが、現在は廃止されてい
る。

14

解答：エ

問題10. 個人番号の変更に関する以下のアからエまでの記述のうち、最も<u>適切</u>なものを１つ選びなさい。

ア. 同一市町村（特別区を含む。）内での転居による住所変更がなされた場合、本人からの請求があれば、個人番号の変更が認められる。

イ. 個人番号が漏えいして不正に用いられるおそれがあると認められるときは、本人からの請求がある場合に限り、個人番号の変更が認められる。

ウ. 婚姻により氏名が変更された場合、本人からの請求又は市町村長（特別区の区長を含む。）の職権により、個人番号の変更が認められる。

エ. 個人番号カードを紛失し、再発行となる場合、個人番号が漏えいして不正に用いられるおそれがあると認められるときは、個人番号の変更が認められる。

個人番号の変更

　本問は、個人番号の変更（法7条2項）に関する理解を問うものである。

ア 不適切。個人番号が漏えいして不正に用いられるおそれがあると認められるときは、個人番号の変更が認められる（法7条2項）。住所変更がなされた場合は、これに該当しないことから、個人番号の変更は認められない。

イ 不適切。個人番号が漏えいして不正に用いられるおそれがあると認められるときは、本人からの請求又は市町村長（特別区の区長を含む。）の職権により、個人番号の変更が認められる。（法7条2項）

ウ 不適切。個人番号が漏えいして不正に用いられるおそれがあると認められるときは、個人番号の変更が認められる（法7条2項）。婚姻により氏名が変更された場合は、これに該当しないことから、個人番号の変更は認められない。

エ 適　切。本記述のとおりである。（法7条2項）

解答：エ

問題11．個人番号とすべき番号の生成に関する以下のアからエまでの記述の
　　　　うち、最も<u>適切ではないもの</u>を１つ選びなさい。

　　ア．地方公共団体情報システム機構は、市町村長（特別区の区長を含
　　　　む。）から個人番号とすべき番号の生成を求められたときは、電子
　　　　情報処理組織を使用して、個人番号とすべき番号を生成しなければ
　　　　ならない。

　　イ．個人番号とすべき番号は、住民票コードを変換して得られるもので
　　　　なければならない。

　　ウ．個人番号とすべき番号は、他のいずれの個人番号とも異なるもので
　　　　なければならない。

　　エ．生成される個人番号とすべき番号は、10桁の番号及びその後に付さ
　　　　れた１桁の検査用数字により構成される。

個人番号とすべき番号の生成

　本問は、個人番号とすべき番号の生成（法8条）についての理解を問うものである。

ア適　切。地方公共団体情報システム機構は、市区町村長から個人番号とすべき番号の生成を求められたときは、電子情報処理組織を使用して、個人番号とすべき番号を生成しなければならない（法8条2項）。

イ適　切。個人番号とすべき番号は、住民票コードを変換して得られるものでなければならない（法8条2項2号）。

ウ適　切。個人番号とすべき番号は、他のいずれの個人番号とも異なるものでなければならない（法8条2項1号）。

エ不適切。生成される個人番号とすべき番号は、11桁の番号及びその後に付された1桁の検査用数字により構成される（令8条）。

解答：エ

問題 12. 個人番号の指定及び個人番号とすべき番号の生成に関する以下の
アからエまでの記述のうち、誤っているものを1つ選びなさい。

ア. 個人番号とすべき番号は、過去に定めた他の個人番号のいずれとも
異なるものでなければならない。

イ. 市町村長（特別区の区長を含む。以下同じ。）は、個人番号を指定
するときは、あらかじめ地方公共団体情報システム機構に対し、当
該指定しようとする者に係る住民票に記載された住民票コードを通
知するとともに、個人番号とすべき番号の生成を求めるものとする。

ウ. 地方公共団体情報システム機構は、市町村長から個人番号とすべき
番号の生成を求められたときは、政令で定めるところにより、電子
情報処理組織を使用して、番号を生成し、速やかに本人に通知する
ものとする。

エ. 市町村長は、当該市町村が備える住民基本台帳に記録されている者
の個人番号が漏えいして不正に用いられるおそれがあると認められ
るときは、その者に対し、職権で従前の個人番号に代わる新しい個
人番号を指定することができる。

個人番号の生成

ア　正しい。個人番号とすべき番号は、過去に定めた他の個人番号のいずれとも異なるものでなければならない（法8条2項1号）。

イ　正しい。市町村長（特別区の区長を含む。以下同じ。）は、個人番号を指定するときは、あらかじめ機構に対し、当該指定しようとする者に係る住民票に記載された住民票コードを通知するとともに、個人番号とすべき番号の生成を求めるものとする（法8条1項）。

ウ　誤　り。地方公共団体情報システム機構は、市町村長から個人番号とすべき番号の生成を求められたときは、政令で定めるところにより、電子情報処理組織を使用して、番号を生成し、速やかに、当該市町村長に対し、通知するものとする（法8条2項）。

エ　正しい。市町村長は、当該市町村が備える住民基本台帳に記録されている者の個人番号が漏えいして不正に用いられるおそれがあると認められるときは、その者に対し、職権で従前の個人番号に代わる新しい個人番号を指定することができる（法7条2項）。

解答：ウ

問題 13. 個人番号の利用目的に関する以下のアからエまでの記述のうち、誤っているものを1つ選びなさい。

ア. 事業者は、本人から個人番号の提供を受ける場合、利用目的について本人からの同意を得る必要はない。

イ. 個人番号の利用目的を特定して、本人への通知又は公表を行う場合は、個人番号の提出先を具体的に示す必要がある。

ウ. 個人番号の利用目的と個人情報保護法における個人情報の利用目的とを区別して本人への通知等を行う法的義務はない。

エ. 複数の個人番号関係事務で個人番号を利用する可能性がある場合において、個人番号の利用が予想されるすべての目的について、あらかじめ包括的に特定して本人への通知等を行うことができる。

個人番号の利用目的

ア　正しい。事業者は、本人から個人番号の提供を受ける場合、利用目的について本人からの同意を得る必要はない。

イ　誤　り。個人番号関係事務は、本人から個人番号の提供を受けて、その個人番号を個人番号利用事務実施者に提供する事務であり、通常これらの事務を利用目的として示せば提供先も明らかになっているものと解されるため、必ずしも個々の提出先を具体的に示す必要はない。

ウ　正しい。個人番号の利用目的と個人情報保護法における個人情報の利用目的とを区別して本人への通知等を行う法的義務はない。

エ　正しい。複数の個人番号関係事務で個人番号を利用する可能性がある場合において、個人番号の利用が予想されるすべての目的について、あらかじめ包括的に特定して本人への通知等を行うことができる。

解答：イ

問題 14. 個人番号の利用範囲に関する以下のアからエまでの記述のうち、誤っているものを1つ選びなさい。

ア. 顧客の住所等を調べる目的で照会した端末の画面に、特定個人情報ファイルに登録済の情報が表示された状態で、これをプリントアウトする場合、利用目的の範囲外となる。

イ. 個人番号関係事務実施者が個人番号関係事務を処理する目的で、特定個人情報ファイルに登録済の個人番号を照会機能で呼び出しプリントアウトする場合は、個人番号関係事務の範囲内での利用といえる。

ウ. 支払金額が所管法令の定める一定の金額に満たず、提出義務のない支払調書に個人番号を記載して税務署長に提出することは、目的外の利用として利用制限に違反する。

エ. 事業者は、従業員の雇用形態がアルバイトから正社員に変更された場合、既に取得している個人番号を、当初の利用目的の範囲内であれば、利用目的の変更をしなくても利用することができる。

個人番号の利用範囲

　本問は、個人番号の提供の要求（9条）に関する理解を問うものである。

ア　正しい。個人番号関係事務以外の業務を処理する目的（例えば、顧客の住所等を調べる等）で照会した端末の画面に、特定個人情報ファイルに登録済の情報が表示された状態で、これをプリントアウトする場合は、個人番号関係事務の範囲外での利用となる。

イ　正しい。個人番号関係事務実施者が個人番号関係事務を処理する目的で、特定個人情報ファイルに登録済の個人番号を照会機能で呼び出しプリントアウトする場合は、個人番号関係事務の範囲内での利用といえる。

ウ　誤り。支払金額が所管法令の定める一定の金額に満たず、税務署長に提出することを要しないとされている支払調書についても、提出することまで禁止されておらず、支払調書であることに変わりはないと考えられることから、支払調書作成事務のために個人番号の提供を受けている場合には、それを税務署長に提出する場合であっても利用目的の範囲内として個人番号を利用することができる。

エ　正しい。事業者は、従業員の雇用形態がアルバイトから正社員に変更された場合、既に取得している個人番号を、当初の利用目的の範囲内であれば、利用目的の変更をしなくても利用することができる。

解答：ウ

問題15. 個人番号の利用範囲に関する以下のアからエまでの記述のうち、最も適切ではないものを１つ選びなさい。

ア．前に雇用契約を締結した際に給与所得の源泉徴収票作成事務のために提供を受けた個人番号については、定年退職後の再雇用契約に基づく給与所得の源泉徴収票作成事務のために利用することはできない。

イ．従業員の雇用形態をアルバイトから正社員に変更した場合でも、当初の利用目的の範囲内であれば当初取得した個人番号を利用することができる。

ウ．前の賃貸借契約を締結した際に支払調書作成事務のために提供を受けた個人番号については、後の賃貸借契約に基づく賃料に関する支払調書作成事務のために利用することができる。

エ．雇用契約に基づく給与所得の源泉徴収票作成事務のために提供を受けた個人番号を、雇用する従業員の福利厚生の一環として財産形成住宅貯蓄に関する事務のために利用することはできない。

個人番号の利用範囲

　本問は、個人番号の利用範囲（法9条）に関する理解を問うものである。

ア不適切。 前に雇用契約を締結した際に給与所得の源泉徴収票作成事務のために提供を受けた個人番号については、定年退職後の再雇用契約に基づく給与所得の源泉徴収票作成事務のために利用することができる。

イ適　切。 従業員の雇用形態をアルバイトから正社員に変更した場合でも、当初の利用目的の範囲内であれば当初取得した個人番号を利用することができる。

ウ適　切。 前の賃貸借契約を締結した際に支払調書作成事務のために提供を受けた個人番号については、後の賃貸借契約に基づく賃料に関する支払調書作成事務のために利用することができる。

エ適　切。 雇用契約に基づく給与所得の源泉徴収票作成事務のために提供を受けた個人番号を、雇用する従業員の福利厚生の一環として財産形成住宅貯蓄に関する事務のために利用することはできず、利用目的を変更して、本人に通知又は公表を行わなければならない。

解答：ア

問題16. 委託の取扱いに関する以下のアからエまでの記述のうち、<u>誤っている</u>ものを１つ選びなさい。

ア. 個人番号関係事務又は個人番号利用事務の全部又は一部の委託をする者は、委託先において、番号法に基づき委託者自らが果たすべき安全管理措置と同等の措置が講じられるよう必要かつ適切な監督を行わなければならない。

イ. 「必要かつ適切な監督」には、①委託先の適切な選定、②安全管理措置に関する委託契約の締結、③委託先における特定個人情報の取扱状況の把握が含まれる。

ウ. 再委託を受けた者は、個人番号関係事務又は個人番号利用事務の「委託を受けた者」とみなされ、再委託者の許諾を得た場合に限り、更に再委託することができる。

エ. 「委託を受けた者」が、法10条の再委託に関する規定に違反した場合は同法19条の提供制限の規定にも違反することとなる。

委託の取扱い

ア　正しい。個人番号関係事務又は個人番号利用事務の全部又は一部の委託をする者は、委託先において、番号法に基づき委託者自らが果たすべき安全管理措置と同等の措置が講じられるよう必要かつ適切な監督を行わなければならない。

イ　正しい。「必要かつ適切な監督」には、①委託先の適切な選定、②安全管理措置に関する委託契約の締結、③委託先における特定個人情報の取扱状況の把握が含まれる。

ウ　誤り。再委託を受けた者は、個人番号関係事務又は個人番号利用事務の「委託を受けた者」とみなされ、最初の委託者の許諾を得た場合に限り、更に再委託することができる。

エ　正しい。「委託を受けた者」が、番号法第10条の規定に違反して、最初の委託者の許諾を得ずに個人番号関係事務又は個人番号利用事務を再委託した場合、「委託を受けた者」は同法第19条（提供制限）にも違反することとなり、当該再委託を受けた者も同法第15条（提供の求めの制限）及び第20条（収集・保管制限）に違反すると判断される可能性があるため、留意する必要がある。

解答：ウ

問題17. 委託の取扱いに関する以下のアからエまでの記述のうち、最も<u>適切</u><u>ではない</u>ものを１つ選びなさい。

ア．特定個人情報を取り扱う情報システムの保守の全部又は一部に、外部の事業者（保守サービスを提供している事業者）を活用している場合、保守サービスを提供している事業者は、個人番号を内容に含む電子データを取り扱っている場合には、個人番号利用事務等の委託先に該当する。

イ．クラウドサービスが番号法上の委託に該当しない場合、委託先の監督義務は課さないが、当該クラウドサービスを利用する事業者は、自ら果たすべき安全管理措置の一環として、クラウドサービス事業者内にあるデータについて、適切な安全管理措置を講ずる必要がある。

ウ．既存の委託契約で、特定個人情報の適正な取扱いに関するガイドラインと同等の個人情報の取扱いの規定がある場合、委託契約を再締結する必要はない。

エ．委託先に安全管理措置を遵守させるためには、委託契約書により契約を締結しなければならない。

委託の取扱い

　本問は、委託の取扱い及び委託先の監督等（法10条、法11条）に関する理解を問うものである。

ア適　切。本記述のとおりである。

イ適　切。本記述のとおりである。

ウ適　切。本記述のとおりである。

エ不適切。安全管理措置の内容に関する委託元・委託先間の合意内容を客観的に明確化できる手段であれば、書式の類型を問わないので、委託契約書に限らず、誓約書や合意書も認められる。

解答：エ

問題18. 委託の取扱いに関する以下のアからエまでの記述のうち、<u>適切な</u>も
のを１つ選びなさい。

ア．事業者が、特定個人情報を取り扱う情報システムにクラウドサービ
ス契約のように外部の事業者を活用している場合、契約条項によっ
て当該事業者が個人番号をその内容に含む電子データを取り扱わな
い旨が定められ、適切にアクセス制御を行っているとき、個人番号
利用事務等の委託には該当せず、番号法における委託先の監督義務
は課されない。

イ．事業者が個人番号関係事務を委託しており、現在の委託先との委託
契約を終了させて新たに別の者に個人番号関係事務を委託する場合、
委託元と新たな委託先との間で個人番号関係事務に関する委託契約
が存在しているとしても、現在の委託先から新たな委託先へ特定個
人情報を直接提供させることは認められていない。

ウ．特定個人情報の受渡しに関して、配送業者による配送手段を利用す
る場合、当該配送業者が依頼された特定個人情報の中身の詳細につ
いて関知しないときであっても、個人番号利用事務等の一部の委託
に該当する。

エ．特定個人情報の受渡しに関して、通信事業者による通信手段を利用
する場合、当該通信事業者が特定個人情報を取り扱っておらず、通
信手段を提供しているにすぎないときであっても、個人番号利用事
務等の一部の委託に該当する。

委託の取扱い

　本問は、委託の取扱い及び委託先の監督等（法10条、法11条）に関す
る理解を問うものである。

ア　**適　切**。本記述のとおりである。

イ　**不適切**。事業者が個人番号関係事務を委託している場合において、現在
の委託先との委託契約を終了させて、新たに別の者に個人番号
関係事務を委託するときに、委託元と新たな委託先との間で個
人番号関係事務に関する委託契約が存在しているのであれば、

委託元の指示に基づき、現在の委託先から新たな委託先へ、特定個人情報を直接提供させることは<u>可能である</u>と考えられる。この場合、委託元と現在の委託先との間で、委託契約終了にあたって、委託契約により保有している特定個人情報は、委託元の指示に基づき、新たな委託先に全て引き渡すことをもって、保有している特定個人情報を委託元に返却したものとするなどの規定を追加することや、委託契約終了後に特定個人情報を保有していないことを確認することなどが望ましいと考えられる。

ウ　**不適切**。特定個人情報の受渡しに関して、配送業者による配送手段を利用する場合、当該配送業者は、通常、依頼された特定個人情報の中身の詳細については関知しないことから、事業者と配送業者との間で特に特定個人情報の取扱いについての合意があった場合を除き、個人番号関係事務又は個人番号利用事務の委託には<u>該当しない</u>。

エ　**不適切**。特定個人情報の受渡しに関して、通信事業者による通信手段を利用する場合、当該通信事業者は、通常、特定個人情報を取り扱っているのではなく、通信手段を提供しているにすぎないことから、個人番号関係事務又は個人番号利用事務（個人番号利用事務等）の委託には<u>該当しない</u>。なお、事業者には、安全管理措置（12条等）を講ずる義務が課せられており、個人番号及び特定個人情報が漏えいしないよう、適切な外部事業者の選択、安全な通信方法の指定等の措置を講ずる必要がある。

解答：ア

問題19.　委託の取扱いに関する以下のアからエまでの記述のうち、最も<u>適切ではないもの</u>を１つ選びなさい。

ア．特定個人情報の受渡しに関して、通信事業者による通信手段を利用する場合も、当該通信事業者は、通常、特定個人情報を取り扱っているのではなく、通信手段を提供しているに過ぎないことから、個人番号関係事務又は個人番号利用事務の委託には該当しない。

イ．特定個人情報の受渡しに関して、配送業者による配送手段を利用する場合、当該配送業者は、通常、依頼された特定個人情報の中身の詳細については関知しないことから、事業者と配送業者との間で特に特定個人情報の取扱いについての合意があった場合を除き、個人番号関係事務又は個人番号利用事務の委託には該当しない。

ウ．事業者が個人番号関係事務を委託する場合において、現在の委託先との委託契約を終了させて、新たに別の者に個人番号関係事務を委託するときは、委託元と新たな委託先との間で個人番号関係事務に関する委託契約が存在している場合であっても、現在の委託先から新たな委託先へ特定個人情報を直接提供させることはできない。

エ．個人番号関係事務又は個人番号利用事務の全部又は一部の委託をする者は、委託先において、番号法に基づき委託元自らが果たすべき安全管理措置と同等の措置が講じられるよう必要かつ適切な監督を行わなければならないが、「必要かつ適切な監督」には、①委託先の適切な選定、②安全管理措置に関する委託契約の締結、③委託先における特定個人情報の取扱状況の把握が含まれる。

委託の取扱い

　本問は、委託の取扱い及び委託先の監督等（法10条、法11条）に関する理解を問うものである。

ア適　切。本記述のとおりである。

　　　　　なお、事業者には、安全管理措置（法12条等）を講ずる義務が課せられており、個人番号及び特定個人情報が漏えいしないよう、適切な外部事業者の選択、安全な配送方法の指定等の措置を講ずる必要がある。

イ適　切。本記述のとおりである。

　　　　　なお、事業者には、安全管理措置（法12条等）を講ずる義務が課せられており、個人番号及び特定個人情報が漏えいしないよう、適切な外部事業者の選択、安全な配送方法の指定等の措置を講ずる必要がある。

ウ不適切。現在の委託先との委託契約を終了させて、新たに別の者に個人番号関係事務を委託するときは、委託元と新たな委託先との間で個人番号関係事務に関する委託契約が存在しているのであれば、委託元の指示に基づき、現在の委託先から新たな委託先へ特定個人情報を直接提供させることは可能であると考えられる。

エ適　切。本記述のとおりである。

解答：ウ

問題20．次のａからｅまでのうち、個人番号利用事務等の一部の委託に<u>該当するもの</u>の組合せを、以下のアからエの中から１つ選びなさい。

ａ）個人番号を用いて情報システムの不具合を再現させ検証する場合

ｂ）システム修正パッチやマルウェア対策のためのデータを配布し、適用する場合

ｃ）保守サービスの作業中に個人番号が閲覧可能となる場合であっても、個人番号の収集を防止するための措置が講じられている場合

ｄ）個人番号をキーワードとして情報を抽出する場合

ｅ）保守サービスの受付時等に個人番号をその内容に含む電子データが保存されていることを知らされていない場合であって、保守サービス中に個人番号をその内容に含む電子データが保存されていることが分かった場合であっても、個人番号の収集を防止するための措置が講じられている場合

　ア．ａとｃ　　　イ．ａとｄ　　　ウ．ｂとｄ　　　エ．ｂとｅ

委託の取扱い

　本問は、委託の取扱い（10条・11条）に関する理解を問うものである。

ハードウェア・ソフトウェアの保守サービスにおいて、保守サービス事業者がサービス内容の全部又は一部として個人番号をその内容に含む電子データを取り扱う場合には、個人番号利用事務等の一部の委託に該当する。これに対して、単純なハードウェア・ソフトウェア保守サービスのみを行う場合で、契約条項によって当該保守サービス事業者が個人番号をその内容に含む電子データを取り扱わない旨が定められており、適切にアクセス制御を行っている場合等には、個人番号利用事務等の委託には該当しない。

a）該当する。

b）該当しない。

c）該当しない。

d）該当する。

e）該当しない。

　以上により、a・dは個人番号利用事務等の一部の委託に該当するが、b・c・eは該当しない。したがって、正解は肢イとなる。

解答：イ

問題21. 委託の取扱いに関する以下のアからエまでの記述のうち、最も<u>適切な</u>ものを１つ選びなさい。

ア. 委託先が、番号法10条の規定に違反して、委託元の許諾を得ずに個人番号関係事務又は個人番号利用事務を再委託した場合、当該委託先は同法19条にも違反することになるが、再委託先は、同法15条及び20条には違反しない。

イ. 個人番号利用事務の委託を受けた者は、個人情報を効率的に検索し、及び管理するために必要な限度で個人番号を利用することができる。

ウ. 外国の事業者に委託する場合、委託元は、委託先において個人番号取扱担当者が明確になっているか確認する必要はない。

エ. 外国の事業者に委託する場合、委託先がさらに他の外国の事業者に再委託することはできない。

委託の取扱い

　本問は、委託の取扱い及び委託先の監督等（法10条、法11条）に関する理解を問うものである。

ア不適切。委託先が、番号法10条の規定に違反して、委託元の許諾を得ずに個人番号関係事務又は個人番号利用事務を再委託した場合、当該委託先は同法19条にも違反することになり、再委託先は、同法15条及び20条には違反すると判断される可能性がある。

イ適　切。本記述のとおりである。（法9条1項）

ウ不適切。外国の事業者に委託する場合、監督義務として、委託元は、委託先において個人番号取扱担当者が明確になっているか確認しなければならない。

エ不適切。本肢のような規定はないため、誤りとなる。

解答：イ

問題22. 再委託に関する以下のアからエまでの記述のうち、最も<u>適切ではないもの</u>を1つ選びなさい。

ア. 委託先が最初の委託元の許諾を得ずに再委託を行った場合、委託先だけではなく、再委託先も番号法違反と判断される可能性がある。

イ. 再委託先は、最初の委託元の許諾を得ていることを確認せずに再委託を受け、結果として、最初の委託元の許諾を得ていない再委託に伴って特定個人情報を収集した場合、番号法違反と判断される可能性がある。

ウ. 最初の委託元は、委託先に対して必要かつ適切な監督を行わなければならず、再委託先に対しても間接的に監督義務を負う。

エ. 最初の委託契約の締結時点において、あらかじめ最初の委託元から再委託の許諾を得ることは、その時点において再委託先となる可能性のある業者が具体的に特定されていない場合であっても認められる。

委託の取扱い

　　本問は、委託の取扱い及び委託先の監督等（法10条、法11条）に関する理解を問うものである。

ア適　切。本記述のとおりである。

イ適　切。本記述のとおりである。

ウ適　切。本記述のとおりである。

エ不適切。委託契約の締結時点において、再委託先となる可能性のある業者が具体的に特定されるとともに、適切な資料等に基づいて当該業者が特定個人情報を保護するための十分な措置を講ずる能力があることが確認され、実際に再委託が行われたときは、必要に応じて、委託元に対してその旨の報告をし、再委託の状況について委託先が委託元に対して定期的に報告するとの合意がなされている場合には、あらかじめ再委託の許諾を得ることもできると解される。再委託先となる可能性のある業者が具体的に特定されていない場合、あらかじめ再委託の許諾を得ることは認められないため、誤りとなる。

解答：エ

問題 23.　委託先及び再委託先の監督に関する以下のアからエまでの記述の
　　　　　うち、誤っているものを1つ選びなさい。

ア．個人番号利用事務等の全部又は一部の委託をする者は、当該委託に
　　係る個人番号利用事務等において取り扱う特定個人情報の安全管理
　　が図られるよう、当該委託を受けた者に対する必要かつ適切な監督
　　を行わなければならない。

イ．委託者は、受託者に対し、番号法に基づき委託者自らが果たすべき
　　安全管理措置と同等の措置が講じられるよう必要かつ適切な監督を
　　行わなければならない。

ウ．委託先の選定については、委託者は、委託先において、番号法に基
　　づき委託者自らが果たすべき安全管理措置と同等の措置が講じられ
　　るか否かについて、あらかじめ確認しなければならない。

エ．甲→乙→丙→丁と順次委託される場合、乙に対する甲の監督義務の
　　内容には、再委託の適否の判断は含まれるが、乙が丙、丁に対して
　　必要かつ適切な監督を行っているかどうかを監督することは含まれ
　　ない。

委託先及び再委託先の監督

ア　正しい。 個人番号利用事務等の全部又は一部の委託をする者は、当該委託に係る個人番号利用事務等において取り扱う特定個人情報の安全管理が図られるよう、当該委託を受けた者に対する必要かつ適切な監督を行わなければならない。

イ　正しい。 委託者は、「委託を受けた者」において、番号法に基づき委託者自らが果たすべき安全管理措置と同等の措置が講じられるよう必要かつ適切な監督を行わなければならない。

ウ　正しい。 委託先の選定については、委託者は、委託先において、番号法に基づき委託者自らが果たすべき安全管理措置と同等の措置が講じられるか否かについて、あらかじめ確認しなければならない。

エ　誤り。 甲→乙→丙→丁と順次委託される場合、乙に対する甲の監督義務の内容には、再委託の適否だけではなく、乙が丙、丁に対して必要かつ適切な監督を行っているかどうかを監督することも含まれる。したがって、甲は乙に対する監督義務だけではなく、再委託先である丙、丁に対しても間接的に監督義務を負うこととなる。

解答：エ

問題24. 次の文章は、番号法13条を抜粋したものである。以下のアからエまでのうち、文章中の（　　）に入る適切な語句の組合せを１つ選びなさい。

第13条　（　a　）は、本人又はその代理人及び（　b　）の負担の軽減並びに行政運営の効率化を図るため、同一の内容の情報が記載された書面の提出を複数の（　c　）において重ねて求めることのないよう、相互に連携して情報の共有及びその適切な活用を図るように努めなければならない。

ア．a．個人番号関係事務実施者　　b．個人番号利用事務実施者
　　c．個人番号関係事務

イ．a．個人番号関係事務実施者　　b．個人番号利用事務実施者
　　c．個人番号利用事務

ウ．a．個人番号利用事務実施者　　b．個人番号関係事務実施者
　　c．個人番号関係事務

エ．a．個人番号利用事務実施者　　b．個人番号関係事務実施者
　　c．個人番号利用事務

個人番号利用事務実施者等の責務

本問は、個人番号利用事務実施者等の責務（13条）に関する理解を問うものである。

> 第13条　個人番号利用事務実施者は、本人又はその代理人及び個人番号関係事務実施者の負担の軽減並びに行政運営の効率化を図るため、同一の内容の情報が記載された書面の提出を複数の個人番号関係事務において重ねて求めることのないよう、相互に連携して情報の共有及びその適切な活用を図るように努めなければならない。

以上により、a「個人番号利用事務実施者」、b「個人番号関係事務実施者」、c「個人番号関係事務」が入り、したがって、正解は肢ウとなる。

解答：ウ

問題25.　次の文章は、番号法13条を抜粋したものである。以下のアからエ
　　　　までのうち、文章中の（　　　）に入る最も<u>適切な</u>語句の組合せを
　　　　1つ選びなさい。

第13条　（　a　）は、本人又はその代理人及び（　b　）の負担の
軽減並びに行政運営の効率化を図るため、同一の内容の情報
が記載された書面の提出を複数の個人番号関係事務において
重ねて求めることのないよう、相互に連携して情報の共有及
びその適切な活用を図るように（　c　）。

ア．a．個人番号利用事務実施者　　　b．個人番号関係事務実施者
　　c．しなければならない

イ．a．個人番号利用事務実施者　　　b．個人番号関係事務実施者
　　c．努めなければならない

ウ．a．個人番号関係事務実施者　　　b．個人番号利用事務実施者
　　c．努めなければならない

エ．a．個人番号関係事務実施者　　　b．個人番号利用事務実施者
　　c．しなければならない

個人番号利用事務実施者等の責務

　本問は、個人番号利用事務実施者等の責務（法13条）に関する理解を問うものである。

> 第13条　**個人番号利用事務実施者**は、本人又はその代理人及び**個人番号関係事務実施者**の負担の軽減並びに行政運営の効率化を図るため、同一の内容の情報が記載された書面の提出を複数の個人番号関係事務において重ねて求めることのないよう、相互に連携して情報の共有及びその適切な活用を図るように**努めなければならない**。

　以上により、a「個人番号利用事務実施者」、b「個人番号関係事務実施者」、c「努めなければならない」が入り、したがって、正解は肢イとなる。

解答：イ

問題 26. 個人番号の利用目的の変更に関する以下のアからエまでの記述の
うち、<u>誤っている</u>ものを１つ選びなさい。

ア. 事業者が、従業員から提出された扶養控除等（異動）申告書に記載
されている個人番号を、当該従業員の源泉徴収票作成事務のために
利用しようとする場合、利用目的の変更が必要であり、本人への通
知等を行わなければ利用することはできない。

イ. 雇用契約に基づく給与所得の源泉徴収票作成事務のために提供を受
けた個人番号を、雇用する従業員の福利厚生の一環として財産形成
住宅貯蓄や財産形成年金貯蓄、職場積立NISAに関する事務のために
利用する場合、利用目的の変更が必要であり、本人への通知等を行
わなければ利用することはできない。

ウ. 講師との間で講演契約を再度締結したとき、前の講演契約を締結し
た際に講演料の支払に伴う報酬、料金、契約金及び賞金の支払調書
作成事務のために提供を受けた個人番号を、後の契約に基づく講演
料の支払に伴う報酬、料金、契約金及び賞金の支払調書作成事務の
ために利用しようとする場合、利用目的の変更に該当しないため、
本人への通知等を行わなくても利用することができる。

エ. 不動産の賃貸借契約を追加して締結した場合において、前の賃貸借
契約を締結した際に支払調書作成事務のために提供を受けた個人番
号について、後の賃貸借契約に基づく賃料に関する支払調書作成事
務のために利用しようとする場合、利用目的の変更に該当しないた
め、本人への通知等を行わなくても利用することができる。

個人番号の利用目的の変更

　本問は、個人番号の利用目的の変更（個人情報保護法17条2項）に関する理解を問うものである。

ア　誤り。 従業員から提出された扶養控除等（異動）申告書に記載されている個人番号については、当該従業員の源泉徴収票作成事務のために利用することができる。扶養控除等（異動）申告書に記載された個人番号を取得するに当たり、源泉徴収票作成事務がその利用目的として含まれていると解され、当初の利用目的の範囲内としての利用であると認められるからである。よって、本人への通知等を行わなくても利用することができる。

イ　正しい。 雇用契約に基づく給与所得の源泉徴収票作成事務のために提供を受けた個人番号を、雇用する従業員の福利厚生の一環として財産形成住宅貯蓄や財産形成年金貯蓄、職場積立NISAに関する事務のために利用する場合、利用目的の変更が必要であり、本人への通知等を行わなければ利用することはできない。

ウ　正しい。 講師との間で講演契約を再度締結したとき、前の講演契約を締結した際に講演料の支払に伴う報酬、料金、契約金及び賞金の支払調書作成事務のために提供を受けた個人番号を、後の契約に基づく講演料の支払に伴う報酬、料金、契約金及び賞金の支払調書作成事務のために利用することができる。

エ　正しい。 不動産の賃貸借契約を追加して締結した場合において、前の賃貸借契約を締結した際に支払調書作成事務のために提供を受けた個人番号について、後の賃貸借契約に基づく賃料に関する支払調書作成事務のために利用しようとする場合、利用目的の変更に該当しないため、本人への通知等を行わなくても利用することができる。

解答：ア

問題27. 個人番号の利用目的の変更に関する以下のアからエまでの記述の
うち、最も<u>適切ではない</u>ものを１つ選びなさい。

ア. 従業員から提出された扶養控除等申告書に記載されている個人番号
について、当該従業員の源泉徴収票作成事務のために利用すること
は、利用目的の範囲内の利用として認められる。

イ. 事業者は、合併等の理由で事業を承継することに伴って、他の個人
情報取扱事業者から当該事業者の従業員等の特定個人情報を取得し
た場合、承継前に特定されていた利用目的の範囲内で特定個人情報
を利用することができる。

ウ. 講師との間で講演契約を更新するとき、前の講演契約を締結した際
に講演料の支払に伴う報酬、料金、契約金及び賞金の支払調書作成
事務のために提供を受けた個人番号を、後の契約に基づく講演料の
支払に伴う報酬、料金、契約金及び賞金の支払調書作成事務のため
に利用する場合、利用目的の変更は不要であり、本人への通知等を
行わなくても利用することができる。

エ. 雇用契約に基づく給与所得の源泉徴収票作成事務のために提供を受
けた個人番号を、雇用する従業員の福利厚生の一環として、財産形
成住宅貯蓄や財産形成年金貯蓄、職場積立NISAに関する事務のた
めに利用しようとする場合、利用目的の変更は不要であり、本人への
通知等を行わなくても利用することができる。

個人番号の利用目的の変更

　本問は、個人番号の利用目的の変更（個人情報保護法17条2項）に関する理解を問うものである。

ア適　切。本記述のとおりである。

イ適　切。個人情報取扱事業者は、合併等の理由で事業を承継することに伴って、他の個人情報取扱事業者から当該事業者の従業員等の特定個人情報を取得した場合、本人の同意があったとしても、承継前に特定されていた利用目的を超えて特定個人情報を利用してはならない（法30条2項、個人情報保護法18条2項）としている。したがって、承継前であれば、特定されていた利用目的の範囲内で特定個人情報を利用することができるため、正しい記述となる。

ウ適　切。前の講演契約を締結した際に講演料の支払に伴う報酬、料金、契約金及び賞金の支払調書作成事務のために提供を受けた個人番号については、後の契約に基づく講演料の支払に伴う報酬、料金、契約金及び賞金の支払調書作成事務のために利用することができると解される。

エ不適切。個人番号の提供を受けた時点では、財産形成住宅貯蓄等に関する事務のために個人番号の提供を受けていないため、利用目的を変更して、本人に通知又は公表を行うことで当該事務に個人番号を利用することができる。

解答：エ

問題28. 個人番号の提供の要求に関する以下のアからエまでの記述のうち、
　　　　誤っているものを１つ選びなさい。

ア．従業員持株会は、従業員が株主となるために持株会に入会申請した
　　時点ではなく、従業員が持株会のある会社に入社した時点で、その
　　従業員に個人番号の提供を求めることができる。

イ．正式な内定通知がなされ、入社に関する誓約書を提出した場合等、
　　その内定者が確実に雇用されることが予想される場合には、事業者
　　はその時点で、個人番号の提供を求めることができる。

ウ．事業者が行う個人番号関係事務においては、個人番号関係事務が
　　発生した時点で個人番号の提供を求めることが原則であるが、従
　　業員等の給与の源泉徴収事務、健康保険・厚生年金保険届出事務
　　等に伴う給与所得の源泉徴収票、健康保険・厚生年金保険被保険
　　者資格取得届等の作成事務の場合、雇用契約の締結時点で個人番
　　号の提供を求めることも可能である。

エ．人材派遣会社の派遣登録において、登録時にしか本人に個人番号
　　の提供を求める機会がなく、実際に雇用する際の給与支給条件等を
　　決める等、近い将来雇用契約が成立する蓋然性が高いと認められる
　　場合には、雇用契約が成立した場合に準じて、個人番号の提供を求
　　めることができる。

個人番号の提供の要求

本問は、個人番号の提供の要求（法14条）に関する理解を問うものである。

ア　誤り。 従業員等が所属会社に入社しただけで、まだ株主となっていない時点では、個人番号関係事務の処理のために必要がある場合とはいえないため、持株会が従業員等に個人番号の提供を求めることはできない。従業員等が株主となるために持株会に入会申請した時点で、当該従業員等に対し、個人番号の提供を求めることができる。

イ　正しい。 内定者については、立場や状況の違いにより一律の取扱いはできないが、正式な内定通知がなされ、入社に関する誓約書を提出した場合等、その内定者が確実に雇用されることが予想されるときには、事業者はその時点で、個人番号の提供を求めることができると解される。

ウ　正しい。 従業員等の給与の源泉徴収事務、健康保険・厚生年金保険届出事務等に伴う給与所得の源泉徴収票、健康保険・厚生年金保険被保険者資格取得届等の作成事務の場合、当該作成事務の必要が生じるたびに個人番号の提供を求める必要はなく、雇用契約の締結時点で個人番号の提供を求めることも可能であると解される。

エ　正しい。 人材派遣会社に登録しただけでは雇用されるかどうかは未定であり、個人番号関係事務の発生が予想されず、いまだ給与の源泉徴収事務等の個人番号関係事務を処理する必要性が認められるとはいえないため、原則として登録者の個人番号の提供を求めることはできない。ただし、登録時にしか本人確認をした上で個人番号の提供を求める機会がなく、実際に雇用する際の給与支給条件等を決める等、近い将来雇用契約が成立する蓋然性が高いと認められる場合には、雇用契約が成立した場合に準じて、個人番号の提供を求めることができる。

解答：ア

問題29. 個人番号の提供の要求に関する以下のアからエまでの記述のうち、最も<u>適切な</u>ものを1つ選びなさい。

ア. 法定調書の作成などに際し、従業員等から個人番号の提供を受けられない場合、従業員等に対して個人番号の記載は法律で定められた義務であることを伝える必要があるが、当該義務である旨を伝えても提供を受けられない場合、提供等を求めた経過等の記録や保存は不要である。

イ. 人材派遣会社に登録したのみで、雇用されるかどうかは未定であっても、人材派遣会社は、原則として、登録者の個人番号の提供を求めることができる。

ウ. 従業員持株会は、従業員等が所属会社に入社した時点において、従業員等に個人番号の提供を求めることができる。

エ. 正式な内定通知がなされ、入社に関する誓約書を提出した場合等、確実に雇用されることが予想される場合には、その時点で個人番号の提供を求めることができる。

個人番号の提供の要求

　本問は、個人番号の提供の要求（法14条）に関する理解を問うものである。

ア不適切。法定調書の作成などに際し、従業員等から個人番号の提供を受けられない場合、従業員等に対して個人番号の記載は法律で定められた義務であることを伝える必要がある。また、当該義務である旨を伝えても提供を受けられない場合は、提供等を求めた経過等を記録し、保存しなければならない。

イ不適切。人材派遣会社に登録したのみでは、雇用されるかどうかは未定で個人番号関係事務の発生が予想されず、いまだ給与の源泉徴収事務等の個人番号関係事務を処理する必要性が認められるとはいえないため、原則として登録者の個人番号の提供を求めることはできない。

ウ不適切。従業員等が所属会社に入社した時点では、個人番号関係事務の処理のために必要がある場合とはいえないため、持株会が従業員等に個人番号の提供を求めることはできない。

エ適　切。本記述のとおりである。

解答：エ

問題30. 個人番号の提供の要求に関する以下のアからエまでの記述のうち、最も<u>適切ではない</u>ものを1つ選びなさい。

ア. 従業員等の給与の源泉徴収事務、健康保険・厚生年金保険届出事務等に伴う給与所得の源泉徴収票、健康保険・厚生年金保険被保険者資格取得届等の作成事務の場合は、雇用契約の締結時点で個人番号の提供を求めることも可能である。

イ. 地代等の支払に伴う支払調書の作成事務の場合は、賃料の金額により契約の締結時点で支払調書の作成が不要であることが明らかであるか否かにかかわらず、契約の締結時点で個人番号の提供を求めることが可能である。

ウ. 個人番号関係事務実施者である事業者が、従業員等の家族の個人番号について提供を求める際、社会保障や税における扶養親族に該当しない家族の個人番号の提供を求めることはできない。

エ. 非上場会社の株主に対する配当金の支払に伴う支払調書の作成事務の場合は、所得税法及び同法施行令の規定により支払の確定の都度、個人番号の告知を求めることが原則であるが、当該株主が株主としての地位を得た時点で個人番号の提供を求めることも可能である。

個人番号の提供の要求

　本問は、個人番号の提供の要求（法14条）に関する理解を問うものである。

ア適　切。本記述のとおりである。

イ不適切。地代等の支払に伴う支払調書の作成事務の場合は、賃料の金額により契約の締結時点で支払調書の作成が不要であることが明らかである場合を除き、契約の締結時点で個人番号の提供を求めることが可能であると解される。

ウ適　切。本記述のとおりである。

エ適　切。本記述のとおりである。

解答：イ

問題31.　個人番号の提供の求めの制限に関する以下のアからエまでの記述の
　　　　うち、最も<u>適切な</u>ものを１つ選びなさい。

ア．何人も、他人に対し、個人番号の提供を求めてはならないので、本
　　人は、同居して生計を共にしている配偶者に対しても個人番号の提
　　供を求めることができない。

イ．何人も、他人に対し、個人番号の提供を求めてはならないので、成
　　年後見人は成年被後見人に対して個人番号の提供を求めることがで
　　きない。

ウ．何人も、他人に対し、個人番号の提供を求めてはならないが、ここ
　　でいう「個人番号」には、個人番号に対応し、当該個人番号に代
　　わって用いられる符号も含まれる。

エ．何人も、他人に対し、個人番号の提供を求めてはならないので、事
　　業者の中の経理部から営業部に対して従業員の個人番号の提供を求
　　めることはできない。

個人番号の提供の求めの制限

　本問は、個人番号の提供の求めの制限（法15条）に関する理解を問うものである。

ア不適切。「自己と同一の世帯に属する者」（法15条）とは住居及び生計を共にする者の集まりを指し、本人と同居して生計を共にしている配偶者はこれに含まれるので、本人は個人番号の提供を求めることができる。

イ不適切。「自己と同一の世帯に属する者」（法15条）にあたらないが、成年後見人が成年被後見人に対して個人番号の提供を求めることはできるとされる。

ウ適　切。法15条の「個人番号」には、個人番号に対応し、当該個人番号に代わって用いられる番号、記号その他の符号であって、住民票コード以外のものも含まれる。

エ不適切。営業部も経理部も事業者の内部の部署であり、独立した法人格を持たないので、「提供」に当たらない。

解答：ウ

問題32. 個人番号の提供の求めの制限に関する以下のアからエまでの記述の
うち、最も<u>適切ではない</u>ものを１つ選びなさい。

ア．地方公共団体は、給与の源泉徴収事務を処理する目的で、給与受給
者である職員に対し、個人番号の提供を求めることができる。

イ．地方公共団体は、生活保護その他の社会保障給付に関する事務を実
施する目的で、住民本人に対し、個人番号の提供を求めることがで
きる。

ウ．地方公共団体は、職員の人事評価を管理する目的で、給与受給者で
ある職員に対し、個人番号の提供を求めることができる。

エ．地方公共団体は、地方税の賦課・徴収に関する事務を実施する目的
で、住民本人に対し、個人番号の提供を求めることができる。

個人番号の提供の求めの制限

　本問は、個人番号の提供の求めの制限（法15条）に関する理解を問うものである。

ア適　切。地方公共団体は、給与の源泉徴収事務を処理する目的で、給与受給者である職員に対し、個人番号の提供を求めることができる。

イ適　切。地方公共団体は、生活保護その他の社会保障給付に関する事務を実施する目的で、住民本人に対し、個人番号の提供を求めることができる。

ウ不適切。地方公共団体は、職員の人事評価を管理する目的で、個人番号の提供を求めることができない。

エ適　切。地方公共団体は、地方税の賦課・徴収に関する事務を実施する目的で、住民本人に対し、個人番号の提供を求めることができる。

解答：ウ

問題33. 番号法19条に関する以下のアからエまでの記述のうち、最も<u>適切で</u><u>はない</u>ものを1つ選びなさい。

ア．番号法に規定するものの他これらに準ずるものとして個人情報保護委員会規則で定められたものについて、特定個人情報を提供することは認められる。

イ．個人番号関係事務又は個人番号利用事務の委託を受けた者が、委託元の許諾を得ずにその全部又は一部の再委託を行い、特定個人情報の提供をした場合は、提供制限に違反することとなる。

ウ．従業員の退職があった場合において、当該従業者の氏名、住所、生年月日、退職時の給与額や離職理由等は、社会保障に係る届出や提出等に必要な情報であることが想定される事項にあたるため、当該従業者等から同意を得れば、再就職先への特定個人情報の提供が認められる。

エ．個人番号利用事務実施者である市町村長（特別区の区長を含む。）は、住民税を徴収するため、事業者に対し、その従業員の個人番号と共に特別徴収税額を通知することができる。

番号法19条

　本問は、法19条に関する理解を問うものである。

ア適　切。法19条1号から16号に規定するものの他これらに準ずるものとして個人情報保護委員会規則で定められたものについて、特定個人情報を提供することは認められる。（法19条17号）

イ適　切。個人番号関係事務又は個人番号利用事務の委託を受けた者が、委託元の許諾を得ずにその全部又は一部の再委託をし、特定個人情報の提供をした場合は、法19条6号の「提供」にあたらず、法10条1項の規定及び19条の提供制限に違反することになる。

ウ不適切。従業員の退職があった場合において、当該従業者の氏名、住所、生年月日、退職時の給与額等は、社会保障に係る届出や提出等に必要な情報であることが想定される事項にあたり、当該従業者等から同意を得れば、退職時の就業先から再就職先への提供が認められる（法19条4号）。他方、退職時の離職理由は、当該届出、提出等に必要な情報であると想定されない情報にあたるため、個別の事案ごとに具体的に判断されるものの、原則として本号に基づく提供は認められない。

エ適　切。何人も、番号法19条各号で限定的に明記された場合を除き、特定個人情報を「提供」してはならない（法19条）。そして、個人番号利用事務実施者である市町村長（特別区の区長を含む。）が、住民税を徴収するために、事業者に対し、その従業員の個人番号と共に特別徴収税額を通知することは、個人番号利用事務実施者が個人番号利用事務を処理するために必要な限度で個人番号関係事務実施者に対し特定個人情報を提供する場合（同法1号）にあたり、例外的に許される。

解答：ウ

問題34. 個人番号の利用制限に関する以下のアからエまでの記述のうち、誤っているものを１つ選びなさい。

ア. 個人番号は、原則として、利用目的の範囲内でのみ利用することができるため、本人の同意があったとしても、利用目的を超えて個人番号を利用することはできない。

イ. 個人情報取扱事業者は、合併等の理由で事業を承継することに伴って、他の個人情報取扱事業者から当該事業者の従業員等の特定個人情報を取得した場合には、承継前に特定されていた利用目的に従って特定個人情報を利用することができるが、本人の同意があったとしても、承継前に特定されていた利用目的を超えて特定個人情報を利用してはならない。

ウ. 人の生命、身体又は財産の保護のために必要があり、本人の同意を得ることが困難な場合、支払調書の作成等の個人番号関係事務を処理する目的で保有している個人番号を、本人の同意を得ることなく、その人の生命、身体又は財産の保護のために利用することができる。

エ. 地方公共団体の長その他の執行機関は、条例で定めなくても、地域の実情を踏まえて行う事務（乳幼児医療費の助成などの地方単独事業など）のために、個人番号を利用することができる。

個人番号の利用制限

　　本問は、個人番号の利用制限（法９条・30条２項、個人情報保護法18条）に関する理解を問うものである。

ア正しい。個人番号は、原則として、利用目的（個人番号を利用できる事務の範囲で特定した利用目的）の範囲内でのみ利用することができる。本人の同意があったとしても、利用目的を超えて個人番号を利用することはできない（番号法30条２項により読み替えて適用される個人情報保護法18条１項）。

イ正しい。個人情報取扱事業者は、合併等の理由で事業を承継することに伴って、他の個人情報取扱事業者から当該事業者の従業員等の特定個人情報を取得した場合には、承継前に特定されていた利用目的に従って特定個人情報を利用することができるが、本人の同意があったとしても、承継前に特定されていた利用目的を超えて特定個人情報を利用してはならない。

ウ正しい。人の生命、身体又は財産の保護のために必要があり、本人の同意を得ることが困難な場合、支払調書の作成等の個人番号関係事務を処理する目的で保有している個人番号を、本人の同意を得ることなく、その人の生命、身体又は財産の保護のために利用することができる。

エ誤り。法９条２項では、地方公共団体の長その他の執行機関は、福祉、保健若しくは医療その他の社会保障、地方税（地方税法１条１項４号に規定する地方税）又は防災に関する事務その他これらに類する事務であって条例で定めるものの処理に関して保有する特定個人情報ファイルにおいて個人情報を効率的に検索し、及び管理するために必要な限度で個人番号を利用することができると規定されている。

解答：エ

問題35. 個人番号の利用制限に関する以下のアからエまでの記述のうち、最も<u>適切ではない</u>ものを１つ選びなさい。

ア. 個人情報取扱事業者は、あらかじめ本人の同意を得たとしても、特定された利用目的の達成に必要な範囲を超えて、特定個人情報を取り扱ってはならない。

イ. 個人情報取扱事業者は、公衆衛生の向上又は児童の健全な育成の推進のために特に必要がある場合であって、本人の同意を得ることが困難である場合、特定された利用目的の達成に必要な範囲を超えて、特定個人情報を取り扱うことができる。

ウ. 個人情報取扱事業者は、個人番号の利用目的をできる限り特定しなければならないが、その特定の程度としては、利用目的を単に抽象的、一般的に特定するだけでは足りない。

エ. 個人番号は、原則、番号法があらかじめ限定的に定めた事務の範囲の中から、具体的な利用目的を特定した上で、利用しなければならない。

個人番号の利用制限

　本問は、個人番号の利用制限（法9条・30条2項、個人情報保護法18条）に関する理解を問うものである。

ア適　切。個人情報取扱事業者は、あらかじめ本人の同意を得たとしても、特定された利用目的の達成に必要な範囲を超えて、特定個人情報を取り扱ってはならない（法30条、個人情報保護法18条1項）。

イ不適切。個人情報取扱事業者は、人の生命、身体又は財産の保護のために必要がある場合であって、本人の同意があり、又は本人の同意を得ることが困難である場合は、目的外利用ができるが（法30条、個人情報保護法18条3項2号）、公衆衛生の向上又は児童の健全な育成の推進のために特に必要がある場合であって、本人の同意を得ることが困難である場合は、目的以外利用はできない（法30条、個人情報保護法18条3項3号）。

ウ適　切。個人情報取扱事業者は、個人番号の利用目的をできる限り特定しなければならないが（個人情報保護法17条1項）、その特定の程度としては、利用目的を単に抽象的、一般的に特定するだけでは足りない。

エ適　切。個人番号は、原則、番号法があらかじめ限定的に定めた事務の範囲の中から、具体的な利用目的を特定した上で、利用しなければならない。

解答：イ

問題36. 個人番号の利用範囲に関する以下のアからエまでの記述のうち、最も<u>適切ではない</u>ものを1つ選びなさい。

ア. 行政機関、地方公共団体の他、健康保険組合のような民間事業者でも、一定の事務処理に関して保有する特定個人情報ファイルにおいて個人情報を効率的に検索し、及び管理するために必要な限度で個人番号を利用することができる。

イ. 地方公共団体の長は、福祉、保健若しくは医療その他の社会保障、地方税又は防災に関する事務その他これらに類する事務であって条例で定めるものの処理に関して保有する特定個人情報ファイルにおいて個人情報を効率的に検索し、及び管理するために必要な限度で個人番号を利用することができる。

ウ. 個人情報保護委員会が、立入検査を行った場合、当該委員会が求めた特定個人情報の提供を受けた場合、その提供を受けた目的を達成するために必要な限度で個人番号を利用することができる。

エ. 金融機関等は、災害が発生したときは、直ちに、あらかじめ締結した契約に基づく金銭の支払を行うために必要な限度で個人番号を利用することができる。

個人番号の利用範囲

本問は、個人番号の利用範囲（法9条）に関する理解を問うものである。

ア適　切。行政機関、地方公共団体の他、健康保険組合のような民間事業者でも、一定の事務処理に関して保有する特定個人情報ファイルにおいて個人情報を効率的に検索し、及び管理するために必要な限度で個人番号を利用することができる。

イ適　切。地方公共団体の長は、福祉、保健若しくは医療その他の社会保障、地方税又は防災に関する事務その他これらに類する事務であって条例で定めるものの処理に関して保有する特定個人情報ファイルにおいて個人情報を効率的に検索し、及び管理するために必要な限度で個人番号を利用することができる（法9条2項）。

ウ適　切。個人情報保護委員会が、立入検査を行った場合、当該委員会が求めた特定個人情報の提供を受けた場合、その提供を受けた目的を達成するために必要な限度で個人番号を利用することができる（法9条6項、19条13号、35条1項）。

エ不適切。金融機関等は、激甚災害が発生したときその他これに準ずる場合として政令で定める場合に、あらかじめ締結した契約に基づく金銭の支払を行うために必要な限度で個人番号を利用することができるのであり（法9条5項）、単に災害が発生すれば、直ちに、個人番号を利用することができるわけではない。

解答：エ

問題 37. 個人番号に関する本人確認の措置に関する以下のアからエまでの記述のうち、誤っているものを1つ選びなさい。

ア. 事業者が、本人から対面で個人番号の提供を受ける場合、個人番号が記載されている住民票の写し及び旅券（パスポート）のみの提示を受けることにより、本人確認の措置をとることができる。

イ. 事業者が、本人から対面で個人番号の提供を受ける場合、個人番号通知書及び国民健康保険の被保険者証のみの提示を受けることにより、本人確認の措置をとることができる。

ウ. 親権者である法定代理人から個人番号の提供を受ける場合、代理人の運転免許証、代理人の戸籍謄本、本人の個人番号が記載されている住民票記載事項証明書の写し、以上3つの提示を受けることにより、本人確認の措置をとることができる。

エ. 任意代理人から個人番号の提供を受ける場合、委任状、本人の個人番号が記載されている住民票の写し、代理人の個人番号カード、以上3つの提示を受けることにより、本人確認の措置をとることができる。

個人番号に関する本人確認の措置

　　本問は、個人番号に関する本人確認の措置に関する理解を問うものである。

ア　正しい。個人番号が記載されている住民票の写しの提示を受けることにより「本人の番号確認」をすることができる。また、旅券（パスポート）の提示を受けることにより「本人の身元確認」をすることができる。

イ　誤り。個人番号通知書の提示を受けることにより「本人の番号確認」をすることができる。しかし、国民健康保険の被保険者証の提示を受けることでは、「本人の身元確認」をすることはできない。国民健康保険の被保険者証のように写真表示がない公的書類の場合、2つ以上の提示が必要となる。

ウ　正しい。親権者である法定代理人の運転免許証の提示を受けることにより「代理人の身元確認」をすることができる。代理人の戸籍謄本の提示を受けることにより「代理権の確認」をすることができる。本人の個人番号が記載されている住民票記載事項証明書の写しの提示を受けることにより「本人の番号確認」をすることができる。以上3つの提示を受けることにより、本人確認の措置をとることができる。

エ　正しい。委任状の提示を受けることにより「代理権の確認」をすることができる。本人の個人番号が記載されている住民票の写しの提示を受けることにより「本人の番号確認」をすることができる。また、代理人の個人番号カードで「代理人の身元確認」をすることができる。

解答：イ

問題 38. 個人番号カードに関する以下のアからエまでの記述のうち、<u>誤っ</u><u>ているもの</u>を1つ選びなさい。

ア. 個人番号カードは、その有効期間が満了した場合その他政令で定める場合には、その効力を失う。

イ. 個人番号カードの交付を受けている者は、当該個人番号カードの有効期間が満了した場合その他政令で定める場合には、当該個人番号カードを住所地市町村長に返納しなければならない。

ウ. 個人番号カードの交付を受けている者は、カード記録事項に変更があったときは、その変更があった日から1か月以内に、その旨を住所地市町村長に届け出るとともに、当該個人番号カードを提出しなければならない。

エ. 個人番号カードの交付を受けている者は、当該個人番号カードを紛失したときは、直ちに、その旨を住所地市町村長に届け出なければならない。

個人番号カード

本問は、個人番号カード（法17条）に関する理解を問うものである。

ア 正しい。個人番号カードは、その有効期間が満了した場合その他政令で定める場合には、その効力を失う（17条6項）。

イ 正しい。個人番号カードの交付を受けている者は、当該個人番号カードの有効期間が満了した場合その他政令で定める場合には、政令で定めるところにより、当該個人番号カードを住所地市町村長に返納しなければならない（17条7項）。

ウ 誤　り。個人番号カードの交付を受けている者は、カード記録事項に変更があったときは、その変更があった日から 14 日以内に、その旨を住所地市町村長に届け出るとともに、当該個人番号カードを提出しなければならない（17条4項）。

エ 正しい。個人番号カードの交付を受けている者は、当該個人番号カードを紛失したときは、直ちに、その旨を住所地市町村長に届け出なければならない（17条5項）。

解答：ウ

問題 39. 個人番号カードに関する以下のアからエまでの記述のうち、<u>誤っ
ているもの</u>を１つ選びなさい。

ア．個人番号カードには、旧姓（旧氏）を記載することができる。

イ．個人番号カードの IC チップ内には、氏名、住所、生年月日、性別、
個人番号、顔写真等のカード記録事項が記録されるが、地方税関係
情報や年金給付関係情報は記録されない。

ウ．民間事業者は、個人番号カードの IC チップ内の空き領域を利用す
ることはできない。

エ．政府は、在留カードと個人番号カードの一体化や個人番号カードの
スマートフォンへの搭載など、利便性を高める取組を検討している。

個人番号カード

　本問は、個人番号カードに関する理解を問うものである。

ア　正しい。本記述のとおりである。

イ　正しい。本記述のとおりである。

ウ　誤　り。個人番号カードの IC チップ内の空き領域は、国の機関等だ
けではなく、民間の事業者も、個人番号カードの IC チップ
内の空き領域を利用することはできる。

エ　正しい。本記述のとおりである。

解答：ウ

問題 40.　個人番号カードの発行と更新に関する以下のアからエまでの記述のうち、誤っているものを１つ選びなさい。

ア．地方公共団体情報システム機構は、政令で定めるところにより、住民基本台帳に記録されている者の申請に基づき、その者に係る個人番号カードを発行するものとする。

イ．地方公共団体情報システム機構は、個人番号カードの発行に係る事務に関し、手数料を徴収することができるが、その手数料の額を定め、又はこれを変更しようとするときは、総務大臣の認可を受けなければならない。

ウ．個人番号カードを所持していて、有効期限を迎える者については、事前に地方公共団体情報システム機構から有効期限通知書が送付される。

エ．個人番号カードの更新可能期間は、有効期間が満了する直前の誕生日の１か月前からである。

個人番号カードの発行と更新

　　本問は、個人番号カードの発行と更新に関する理解を問うものである。

ア　正しい。地方公共団体情報システム機構は、政令で定めるところにより、住民基本台帳に記録されている者の申請に基づき、その者に係る個人番号カードを発行するものとする。

イ　正しい。地方公共団体情報システム機構は、個人番号カードの発行に係る事務に関し、手数料を徴収することができるが、その手数料の額を定め、又はこれを変更しようとするときは、総務大臣の認可を受けなければならない。

ウ　正しい。個人番号カードを所持していて、有効期限を迎える者については、事前に地方公共団体情報システム機構から有効期限通知書が送付される。

エ　誤　り。個人番号カードの更新可能期間は、有効期間が満了する直前の誕生日の3か月前からである。

解答：エ

問題 41. 次の表は、個人番号カードと電子証明書の有効期間（発行の日からの有効期間）を表にまとめたものである。以下のアからエまでのうち、表中の（　　）に入る適切なものの組合せを１つ選びなさい。

	個人番号カード 有効期間	（　b　） 有効期間
カード発行時において （　a　）以上	10 回目の 誕生日まで	5 回目の誕生日まで
カード発行時において 15 歳以上（a）未満	5 回目の 誕生日まで	5 回目の誕生日まで
カード発行時において 15 歳未満	5 回目の 誕生日まで	5 回目の誕生日まで （法定代理人がパスワードを設定する）

ア．a．18 歳　　　b．利用者証明用電子証明書

イ．a．18 歳　　　b．署名用電子証明書

ウ．a．20 歳　　　b．利用者証明用電子証明書

エ．a．20 歳　　　b．署名用電子証明書

個人番号カードと電子証明書の有効期間

	個人番号カード 有効期間	利用者証明用電子証明書 有効期間
カード発行時において **18歳**以上	10回目の 誕生日まで	5回目の誕生日まで
カード発行時において 15歳以上**18歳**未満	5回目の 誕生日まで	5回目の誕生日まで
カード発行時において 15歳未満	5回目の 誕生日まで	5回目の誕生日まで （法定代理人がパスワードを設定する）

解答：ア

問題 42. 特定個人情報の提供に関する以下のアからエまでの事例ののう
ち、「提供」に<u>該当しない</u>ものを 1 つ選びなさい。

ア. 営業部に所属する従業員等の個人番号が営業部庶務課を通じ、給与
所得の源泉徴収票を作成する目的で経理部に提出すること

イ. 事業者（個人番号関係事務実施者）が、所得税法の規定に従って、
給与所得の源泉徴収票の提出という個人番号関係事務を処理するた
めに、従業員等の個人番号が記載された給与所得の源泉徴収票を作
成し、税務署長に提出すること

ウ. 本人が、給与の源泉徴収事務、健康保険・厚生年金保険届出事務等
のために、個人番号関係事務実施者である事業者に対し、自己（又
はその扶養親族）の個人番号を書類に記載して提出すること

エ. 客が小売店で個人番号カードを落としていった場合、その小売店
の店主が警察に遺失物として当該個人番号カードを届け出ること

特定個人情報の提供

ア　該当しない。営業部から経理部へ特定個人情報が移動する場合は、同じ
　　　　　　　　　法人の内部の部署間の移動であり、独立した法的人格を
　　　　　　　　　持たないから、「提供」には当たらない。

イ　該当する。　個人番号関係事務実施者が、個人番号関係事務を処理す
　　　　　　　　　るために、法令に基づき、行政機関等、健康保険組合等
　　　　　　　　　又はその他の者に特定個人情報を提供することとなる
　　　　　　　　　（19条2号）。

ウ　該当する。　本人又はその代理人は、個人番号関係事務実施者又は個人
　　　　　　　　　番号利用事務実施者に対し、本人の個人番号を含む特定
　　　　　　　　　個人情報を提供することとなる（19条3号）。

エ　該当する。　人の生命、身体又は財産の保護のために必要がある場合に
　　　　　　　　　おいて、本人の同意があり、又は本人の同意を得ること
　　　　　　　　　が困難であるときは、特定個人情報を提供することがで
　　　　　　　　　きる（19条16号）。

解答：ア

問題 43. 特定個人情報の提供の制限に関する以下のアからエまでの記述の
うち、誤っているものを１つ選びなさい。

ア．甲社が乙社を吸収合併した場合、吸収される乙社が、その従業員等
の個人番号を含む給与情報等を存続する甲社に提供することは、提
供制限規定に違反しない。

イ．事業者が、源泉徴収票作成事務を含む給与事務を子会社に委託する
場合、その子会社に対して従業員等の個人番号を含む給与情報を提
供することは認められない。

ウ．公認会計士や監査法人が、会社法の規定に基づき、会計監査人とし
て法定監査を行う場合には、法令等の規定に基づき特定個人情報を
取り扱うことが可能と解されており、監査手続を実施するに当たっ
て監査を受ける事業者から特定個人情報の提供を受けることは、提
供制限規定に違反しない。

エ．身分証明書として個人番号カードを提示した際、意図せずに個人番
号を見られた場合は、提供制限規定に違反しない。

特定個人情報の提供の制限

ア　正しい。甲社が乙社を吸収合併した場合、吸収される乙社が、その従業員等の個人番号を含む給与情報等を存続する甲社に提供することは、提供制限に違反しない（19条6号）。

イ　誤　り。何人も、番号法で限定的に明記された場合を除き、特定個人情報を提供してはならないが、特定個人情報の取扱いの全部若しくは一部の委託又は合併その他の事由による事業の承継が行われたときは、特定個人情報を提供することができる（19条6号）。事業者が、源泉徴収票作成事務を含む給与事務を子会社に委託する場合、その子会社に対して従業員等の個人番号を含む給与情報を提供することは「提供」に当たるが、19条6号により認められる。

ウ　正しい。公認会計士や監査法人が、会社法の規定に基づき、会計監査人として法定監査を行う場合には、法令等の規定に基づき特定個人情報を取り扱うことが可能と解されており、監査手続を実施するに当たって監査を受ける事業者から特定個人情報の提供を受けることは、提供制限に違反しない。

エ　正しい。身分証明書として個人番号カードを提示した際、意図せずに個人番号を見られた場合は、提供制限に違反しない。

解答：イ

問題 44. 次の表は、特定個人情報の提供が認められる場合として番号法 19
条各号に掲げられている内容の一部と、それに対応する具体例を
表にしたものである。以下のアからエまでのうち、表中の（　　）
に入る適切な語句の組合せを 1 つ選びなさい。

番号法19条各号の内容	具体例
（　a　）	市区町村長が、住民税を徴収するために、事業者に対し、その従業員等の個人番号と共に特別徴収税額を通知する場合
（　b　）	事業主が、従業員の厚生年金被保険者資格取得に関する届出を年金事務所に提出する場合
（　c　）	個人番号を漏えいした番号法違反の刑事事件において、漏えいに係る特定個人情報を証拠として裁判所に提出する場合

ア．a．個人番号利用事務実施者からの提供（1号）
　　b．個人番号関係事務実施者からの提供（2号）
　　c．各議院審査等その他公益上の必要があるときの提供（第15号）

イ．a．地方税法に基づく国税連携及び地方税連携（10号）
　　b．本人又は代理人からの提供（3号）
　　c．人の生命、身体又は財産の保護のための提供（第16号）

ウ．a．地方税法に基づく国税連携及び地方税連携（10号）
　　b．本人又は代理人からの提供（3号）
　　c．各議院審査等その他公益上の必要があるときの提供（第15号）

エ．a．個人番号利用事務実施者からの提供（1号）
　　b．個人番号関係事務実施者からの提供（2号）
　　c．人の生命、身体又は財産の保護のための提供（第16号）

特定個人情報の提供の制限

番号法19条各号の内容	具体例
個人番号利用事務実施者からの提供（1号）	市区町村長が、住民税を徴収するために、事業者に対し、その従業員等の個人番号と共に特別徴収税額を通知する場合
個人番号関係事務実施者からの提供（2号）	事業主が、従業員の厚生年金被保険者資格取得に関する届出を年金事務所に提出する場合
各議院審査等その他公益上の必要があるときの提供（第15号）	個人番号を漏えいした番号法違反の刑事事件において、漏えいに係る特定個人情報を証拠として裁判所に提出する場合

解答：ア

問題45. 特定個人情報の提供の制限に関する以下のアからエまでの記述の
うち、最も<u>適切な</u>ものを1つ選びなさい。

ア. 個人情報取扱事業者が、本人から個人情報保護法の規定に基づく
開示の請求を受けた場合、その請求の内容に個人番号が含まれて
いるときは、本人に特定個人情報の開示をしてはならない。

イ. 個人情報取扱事業者が従業員等本人に給与所得の源泉徴収票を交付
する場合、その従業員等本人や扶養親族の個人番号を記載して源泉
徴収票を本人に交付することは認められる。

ウ. 個人情報取扱事業者は、人の生命、身体又は財産の保護のために必
要がある場合には、本人の同意を得ることが容易であっても、当該
本人の同意を得ることなく、当該本人の特定個人情報を提供するこ
とが認められる。

エ. ある従業者が甲社から乙社に出向又は転籍により異動し、乙社が給
与支払者（給与所得の源泉徴収票の提出義務者）になった場合にお
いて、当該従業者の同意がないときは、甲社が乙社に対して当該従
業者の個人番号を提供することは認められない。

特定個人情報の提供の制限

本問は、特定個人情報の提供の制限（法19条）に関する理解を問うも
のである。

ア不適切。本人から個人情報保護法33条に基づく開示の請求がされた場
合は、番号法19条各号に定めはないものの、法の解釈上当然
に特定個人情報の提供が認められる。したがって、個人情報
取扱事業者が、本人からの開示の請求に応じて、本人に特定
個人情報の開示を行うことは認められる。

イ不適切。本人交付用の給与所得の源泉徴収票については、平成27年10
月2日に所得税法施行規則93条が改正され、その本人及び扶
養親族の個人番号を記載しないこととされたため、その本人
及び扶養親族の個人番号を記載していない源泉徴収票を本人
に交付することとなる。

ウ不適切。事業者は、人の生命、身体又は財産の保護のために必要がある
場合において、本人の同意があり、又は本人の同意を得ること
が困難であるときは、当該本人の特定個人情報を提供すること
ができる。（法19条16号）

エ適　切。従業者等（従業者、法人の業務を執行する役員又は国若しく
は地方公共団体の公務員をいう。）の出向・転籍・退職等が
あった場合において、当該従業者等の同意があるときは、出
向・転籍・退職等前の使用者等（使用者、法人又は国若しく
は地方公共団体をいう。）から出向・転籍・再就職等先の使用
者等に対して、その個人番号関係事務を処理するために必要
な限度で、当該従業者等の個人番号を含む特定個人情報を提
供することができる（法19条4号）。よって、ある従業者が甲
社から乙社に出向又は転籍により異動し、乙社が給与支払者
（給与所得の源泉徴収票の提出義務者）になった場合におい
て、当該従業者の同意がないときは、甲社・乙社間で当該従
業員の個人番号を受け渡すことはできず、乙社は改めて当該
従業者から個人番号の提供を受けなければならない。

解答：エ

問題46. 特定個人情報の提供の制限に関する以下のアからエまでの記述の
うち、最も<u>適切ではない</u>ものを1つ選びなさい。

ア. 株式等振替制度を活用して特定個人情報の提供を受けることができ
る株式発行者から株主名簿に関する事務の委託を受けた株主名簿管
理人に対して、特定個人情報を提供することは、認められない。

イ. 個人情報保護法33条の開示の請求に基づく個人番号が記載された源
泉徴収票を、住宅の取得に関する借入れ等で活用する場合には、個
人番号部分を復元できない程度にマスキングする等の工夫が必要と
なる。

ウ. 同じ系列の会社間で従業員の個人情報を共有データベースで保管し
ている場合において、従業員が現在就業している会社のファイルに
のみその個人番号を登録し、他の会社が当該個人番号を参照するこ
とができないようなシステムを採用しているのであれば、共有デー
タベースに個人番号を記録することができる。

エ. 甲社が乙社を吸収合併した場合、吸収される乙社は、その従業員等
の個人番号を含む給与情報等を、存続する甲社に提供することがで
きる。

特定個人情報の提供の制限

　本問は、特定個人情報の提供の制限（法19条）に関する理解を問うものである。

ア不適切。株式等振替制度を活用して特定個人情報の提供を受けることができる株式発行者から株主名簿に関する事務の委託を受けた株主名簿管理人は、法19条12号及び令24条において「社債等の発行者に準ずる者」として定められている。よって、株主名簿管理人に対して特定個人情報を提供することは提供制限に違反せず、認められる。

イ適　切。本記述のとおりである。

ウ適　切。同じ系列の会社間等で従業員等の個人情報を共有データベースで保管しているような場合、従業員等が現在就業している会社のファイルにのみその個人番号を登録し、他の会社が当該個人番号を参照することができないようなシステムを採用しているのであれば、共有データベースに個人番号を記録することが可能であると解される。

エ適　切。本記述のとおりである。

解答：ア

問題47. 番号法19条4号は、特定個人情報の提供制限規定の例外として、従業者等の転籍・退職等があった場合において、当該従業者等の同意を得たときは、転籍・退職等前の使用者等から出向・転籍・再就職等先の使用者等に対して、その個人番号関係事務を処理するために必要な限度で、当該従業者等の個人番号を含む特定個人情報を提供することができると定めている。本号に関する以下のアからエまでの記述のうち、最も適切ではないものを1つ選びなさい。

ア. 本号により特定個人情報の提供を受けた使用者等は、番号法 16 条に基づく本人確認は不要である。

イ. 本号に基づき提供が認められる特定個人情報の範囲は、社会保障、税分野に係る健康保険・厚生年金保険被保険者資格取得届、給与支払報告書や支払調書の提出など、出向・転籍・再就職等先の使用者等が「その個人番号関係事務を処理するために必要な限度」に限定される。

ウ. 本号の「従業者等の同意を得る」とは、従業者等の承諾する旨の意思表示を使用者等が認識することをいい、特定個人情報の取扱状況に応じ、従業者等が同意に係る判断を行うために必要と考えられる合理的かつ適切な方法によらなければならない。

エ. 将来、従業員がグループ会社へ転籍する可能性がある場合、使用者は当該従業者の入社時に、本号の「従業者等の同意」を取得しておくことができる。

特定個人情報の提供の制限

ア適　切。本号により特定個人情報の提供を受けた使用者等は、番号法16条に基づく本人確認は不要である。

イ適　切。本号に基づき提供が認められる特定個人情報の範囲は、社会保障、税分野に係る健康保険・厚生年金保険被保険者資格取得届、給与支払報告書や支払調書の提出など、出向・転籍・再就職等先の使用者等が「その個人番号関係事務を処理するために必要な限度」に限定される。

ウ適　切。「従業者等の同意を得る」とは、従業者等の承諾する旨の意思表示を使用者等が認識することをいい、特定個人情報の取扱状況に応じ、従業者等が同意に係る判断を行うために必要と考えられる合理的かつ適切な方法によらなければならない。

エ不適切。本号の「従業者等の同意」については、従業者等の転籍・再就職等先の決定以後に、個人番号を含む特定個人情報の具体的な提供先を明らかにした上で、当該従業者等から同意を取得することが必要である。将来グループ会社へ転籍する可能性があるため、従業者等の入社時に、将来グループ会社に転籍する際には使用者等から転籍先のグループ会社に対し、個人番号関係事務を処理するために必要な限度で、個人番号を含む特定個人情報を提供できることに関する同意を取得したとしても、「従業者等の同意」を取得したことにはならないと解される。

解答：エ

問題 48. 特定個人情報の収集等の制限に関する以下のアからエまでの記述のうち、「収集」又は「保管」に<u>該当しない</u>ものを１つ選びなさい。

ア．親が扶養家族である子供の通知カードを預かること

イ．人から特定個人情報の提示を受けること

ウ．個人番号を電子計算機の画面上に表示させ、それをプリントアウトすること

エ．個人番号が記録された電磁的記録を自宅に持ち帰り、置いておくこと

特定個人情報の収集等の制限

　「収集」とは、集める意思を持って自己の占有に置くことを意味し、「保管」とは、自己の勢力範囲内に保持することをいう。

ア　該当する。　番号法第 15 条及び第 20 条において、他人とは「自己と同一の世帯に属する者以外の者」であり、子、配偶者等の自己と同一の世帯に属する者の特定個人情報は、同法第 19 条各号のいずれかに該当しなくても、収集又は保管することができる。

イ　該当しない。　人から特定個人情報の提示を受けただけでは「収集」には当たらない。

ウ　該当する。　電子計算機等を操作して個人番号を画面上に表示させ、その個人番号を書き取ることは、「収集」に当たる。

エ　該当する。　個人番号が記録された文書や電磁的記録を自宅に持ち帰り、置いておくことは「保管」に当たる。

解答：イ

問題 49. 特定個人情報の収集等の制限に関する以下のアからエまでの記述のうち、誤っているものを1つ選びなさい。

ア. 原則として、特定個人情報を収集・保管することはできないが、その主体は、条文上「個人番号利用事務等に携わる者」に限定されている。

イ. 事業者は、雇用契約等の継続的な契約関係にある従業員が休職している場合、当該従業員の復職が未定であっても、当該従業員の特定個人情報を継続して保管することができる。

ウ. 最初の委託者の許諾を得ていることを確認せずに個人番号関係事務又は個人番号利用事務の再委託を受け、結果として、最初の委託者の許諾を得ていない再委託に伴って特定個人情報を収集した場合、番号法違反と判断される可能性がある。

エ. 個人番号が記載された書類等を受け取る担当者に、個人番号の確認作業を行わせるかは事業者の判断によるが、個人番号の確認作業をその担当者に行わせる場合は、特定個人情報を見ることができないようにする措置をとる必要はない。

特定個人情報の収集等の制限

ア　誤り。何人も、法 19 条各号のいずれかに該当する場合を除き、他人の個人番号を含む特定個人情報を収集し、又は保管してはならない（20条）。何人も対象となるものであり、主体が個人番号利用事務等実施者の職員等として個人番号利用事務等に携わる者に限定されてはいない。

イ　正しい。事業者は、雇用契約等の継続的な契約関係にある従業員が休職している場合、当該従業員の復職が未定であっても、当該従業員の特定個人情報を継続して保管することができる。

ウ　正しい。最初の委託者の許諾を得ていることを確認せずに個人番号関係事務又は個人番号利用事務の再委託を受け、結果として、最初の委託者の許諾を得ていない再委託に伴って特定個人情報を収集した場合、番号法違反と判断される可能性がある。

エ　正しい。個人番号が記載された書類等を受け取る担当者に、個人番号の確認作業を行わせるかは事業者の判断によるが、個人番号の確認作業をその担当者に行わせる場合は、特定個人情報を見ることができないようにする措置をとる必要はない。

解答：ア

問題50. 特定個人情報の収集等の制限に関する以下のアからエまでの記述
のうち、最も<u>適切ではない</u>ものを1つ選びなさい。

ア. 雇用契約等の継続的な契約関係にある従業員が休職している場合、
復職が未定であっても、事業者は、当該従業員の特定個人情報を
継続的に保管することができる。

イ. 事業者が講師に対して講演料を支払う場合において、講師から個
人番号が記載された書類等を受け取る担当者と支払調書作成事務
を行う担当者が異なるとき、書類等を受け取る担当者には、自分
の手元に個人番号を控えておくことは認められない。

ウ. 番号法上の本人確認の措置を実施する際に提示を受けた本人確認
書類は、安全管理措置を適切に講じている場合には、本人確認の
記録を残すためにコピーを保管することができる。

エ. 事業者の給与事務担当者が個人番号関係事務に従事する者であれば、
個人番号関係事務以外の目的で他の従業員等の特定個人情報をノー
トに書き写すことは認められる。

特定個人情報の収集等の制限

　本問は、特定個人情報の収集等の制限（法20条）に関する理解を問うものである。

ア適　切。本記述のとおりである。

　　　　　雇用契約等の継続的な契約関係にある場合には、従業員等から提供を受けた個人番号を給与の源泉徴収事務、健康保険・厚生年金保険届出事務等のために翌年度以降も継続的に利用する必要が認められることから、特定個人情報を継続的に保管できると解される。そして、従業員等が休職している場合には、復職が未定であっても雇用契約が継続していることから、特定個人情報を継続的に保管できると解される。

イ適　切。本記述のとおりである。

　　　　　事業者の中で、単に個人番号が記載された書類等を受け取り、支払調書作成事務に従事する者に受け渡す立場の者は、独自に個人番号を保管する必要がないため、個人番号の確認等の必要な事務を行った後はできるだけ速やかにその書類を受け渡すこととし、自分の手元に個人番号を残してはならない。

ウ適　切。本記述のとおりである。

　　　　　番号法上の本人確認の措置を実施する際に提示を受けた本人確認書類については、本人確認の記録を残すためにコピーを保管することはできる。ただし、その場合には安全管理措置を適切に講じる必要がある。

エ不適切。事業者の給与事務担当者として個人番号関係事務に従事する者が、その個人番号関係事務以外の目的で他の従業員等の特定個人情報をノートに書き写してはならない。

解答：エ

問題51.　特定個人情報の収集等の制限に関する以下のアからエまでの記述
　　　　のうち、最も<u>適切ではない</u>ものを１つ選びなさい。

ア．番号法19条各号のいずれかに該当する場合を除き、特定個人情報
　　は収集し、保管してはならないが、ここでいう「収集」とは、集
　　める意思を持って自己の占有に置くことを意味する。

イ．番号法19条各号のいずれかに該当する場合を除き、特定個人情報
　　は収集し、保管してはならないが、特定個人情報の提示を受けた
　　だけでも、ここでいう「収集」に該当する。

ウ．個人番号関係事務を処理する必要がなくなった場合でも、その特
　　定個人情報の個人番号部分を復元できない程度にマスキング又は
　　削除すれば保管を継続することは可能であるが、それが個人デー
　　タに該当する場合は、個人情報保護法の規定に則り、利用する必
　　要がなくなったときに、遅滞なく消去するよう努めなければなら
　　ない。

エ．個人番号を削除した場合、削除した記録を保存することとされて
　　おり、その削除の記録の内容としては、特定個人情報ファイルの
　　種類・名称、責任者・取扱部署、削除・廃棄状況等を記録するこ
　　とが考えられ、個人番号自体は含めないものとされている。

特定個人情報の収集等の制限

　本問は、特定個人情報の収集等の制限（法20条）に関する理解を問う
ものである。

ア適　切。本記述のとおりである。

イ不適切。番号法19条各号のいずれかに該当する場合を除き、特定個人
　　　　　　情報は収集し、保管してはならないが、特定個人情報の提示
　　　　　　を受けただけでは、ここでいう「収集」には該当しない。

ウ適　切。本記述のとおりである。
　　　　　　個人番号部分を復元できない程度にマスキング又は削除した
　　　　　　ものが、個人データに該当する場合において、利用する必要
　　　　　　がなくなったときに、その個人データを遅滞なく消去するよ
　　　　　　う努めなければならない。（個人情報保護法22条）

エ適　切。本記述のとおりである。

解答：イ

問題52. 特定個人情報の収集等の制限に関する以下のアからエまでの記述の
うち、最も適切ではないものを1つ選びなさい。

ア. 個人番号が記載された書類等を受け取る担当者に、個人番号の本
人確認作業を行わせない場合、特定個人情報を見ることができな
いようにすることは、安全管理上有効な措置と考えられる。これ
に対して、個人番号が記載された書類等を受け取る担当者に、個
人番号の本人確認作業を行わせる場合は、特定個人情報を見るこ
とができないようにする措置は必要ないと考えられる。

イ. 個人番号利用事務等実施者が本人から個人番号の提供を受けると
きは、本人確認（番号確認と身元確認）が義務付けられているの
で、個人番号利用事務等実施者により収集された個人番号に誤り
があった場合は、罰則が適用される。

ウ. 個人番号を、個人番号関係事務と関係のない業務ソフトウェアを
運用している筐体と同一筐体内、かつ同一データベース内で管理
することはできるが、その場合には、個人番号関係事務と関係の
ない事務で利用することのないように、アクセス制御等を行う必
要がある。

エ. 保管している個人番号に誤りがあったり、変更があったりした場
合、訂正等を行うことにより、個人番号を正確かつ最新の内容に
保つよう努めなければならない。

特定個人情報の収集等の制限

　本問は、特定個人情報の収集等の制限（法20条）に関する理解を問うものである。

ア適　切。本記述のとおりである。

イ不適切。個人番号利用事務等実施者が本人から個人番号の提供を受けるときは、本人確認（番号確認と身元確認）が義務付けられている（16条）。もっとも、収集した個人番号に誤りがあったとしても、それ自体の罰則規定はない。

ウ適　切。本記述のとおりである。

エ適　切。本記述のとおりである。
　　　　特定個人情報は、個人情報保護法19条「データ内容の正確性の確保等」の適用を受ける。よって、保管している個人番号に誤りがあった場合、訂正等を行うことにより、個人番号を正確かつ最新の内容に保つよう努めなければならず、また、個人番号が変更されたときは、本人から事業者に申告するよう周知しておくとともに、一定の期間ごとに個人番号の変更がないか確認すべきものと考えられる。

解答：イ

問題53. 特定個人情報の収集・保管の制限と廃棄に関する以下のアからエ
までの記述のうち、最も<u>適切ではない</u>ものを1つ選びなさい。

ア. 金融機関は、法令で定められた支払調書作成事務等を処理する場合
を除き、顧客の個人番号を保管することはできない。

イ. 個人番号が記載された扶養控除等申告書は、所得税法施行規則に規
定されている保存期間を経過した場合は、できるだけ速やかに廃棄
しなければならない。

ウ. 市立図書館の利用カードとして個人番号カードが利用されている場
合においては、市立図書館の職員は、利用者から提出を受けた個人
番号カードの個人番号をコピーして保管することができる。

エ. 個人番号が記載された特定口座開設届出書は、租税特別措置法施行
規則に規定されている保存期間を経過した場合は、原則として、当
該特定口座開設届出書をできるだけ速やかに廃棄しなければならな
い。

特定個人情報の収集等の制限

　本問は、特定個人情報の収集等の制限（法20条）に関する理解を問うものである。

ア適　切。本記述のとおりである。

イ適　切。個人番号が記載された扶養控除等申告書は、当該申告書の提出期限（毎年最初に給与等の支払を受ける日の前日まで）の属する年の翌年1月10日の翌日から7年を経過する日まで保存することとなっている（所得税法施行規則第76条の3）。そして、当該期間を経過した場合には、当該申告書に記載された個人番号を保管しておく必要がなくなるため、原則として、当該扶養控除等申告書をできるだけ速やかに廃棄しなければならない。

ウ不適切。市立図書館における図書の貸出し等は個人番号利用事務等ではないため、図書館の利用カードとして個人番号カードが利用されている場合、市立図書館の職員は、利用者の個人番号をコピーして保管することはできない。

エ適　切。本特定口座開設届出書は、当該届出書に係る特定口座につき特定口座廃止届出書等の提出があった日の属する年の翌年から5年間保存することとなっている（租税特別措置法施行規則18条の13の4　1項3号）。そして、当該期間を経過した場合には、当該特定口座開設届出書に記載された個人番号を保管しておく必要がなくなるため、原則として、当該特定口座開設届出書をできるだけ速やかに廃棄しなければならない。

解答：ウ

問題54. 特定個人情報の利用停止等及び特定個人情報の第三者提供の停止
に関する以下のアからエまでの記述のうち、最も適切ではないも
のを1つ選びなさい。

ア. 個人情報取扱事業者は、本人から、当該本人が識別される保有個人
データである特定個人情報が番号法に違反して第三者に提供されて
いるという理由によって、当該特定個人情報の第三者提供の停止の
請求を受けたが、番号法に違反して第三者に提供されているという
事実がないときは、当該特定個人情報の第三者への提供を停止する
必要はなく、その旨を本人に通知及びその理由を説明する必要もな
い。

イ. 個人情報取扱事業者は、本人から、当該本人が識別される保有個人
データである特定個人情報が個人情報保護法の適正取得の規定に違
反して取得されたものであるという理由によって当該特定個人情報
の利用停止等の請求を受けた場合であって、その請求に理由がある
ことが判明したときは、違反を是正するために必要な限度で、遅滞
なく、当該特定個人情報の利用停止等を行わなければならない。

ウ. 個人情報取扱事業者は、本人から、当該本人が識別される保有個人
データである特定個人情報の利用停止の請求を受け、当該保有個人
データの利用停止に多額の費用を要する場合であって、本人の権利
利益を保護するため必要なこれに代わるべき措置をとるときは利用
停止等を行う必要はない。

エ. 個人情報取扱事業者は、本人から、当該本人が識別される保有個人
データである特定個人情報の第三者への提供の停止の請求を受け、
当該保有個人データの第三者への提供の停止に多額の費用を要する
場合であって、本人の権利利益を保護するため必要なこれに代わる
べき措置をとるときは第三者への提供の停止を行う必要はない。

特定個人情報の利用停止等・第三者提供の停止

　本問は、特定個人情報の利用停止等及び特定個人情報の第三者提供の停止に関する理解を問うものである。

ア不適切。特定個人情報の第三者提供の停止の請求について、当該請求に理由がない（番号法19条に違反して第三者に提供されているという事実がない）ときには、当該特定個人情報の第三者への提供を停止しなくてもよいが、この場合、第三者への提供を停止しない旨を**本人に通知する必要があり、その理由を説明するよう努めなければならない**（個人情報保護法35条7項、36条）。

イ適　切。本記述のとおりである。

ウ適　切。本記述のとおりである。

エ適　切。本記述のとおりである。

解答：ア

問題 55. 特定個人情報の保管と廃棄に関する以下のアからエまでの記述の
うち、誤っているものを1つ選びなさい。

ア. 特定個人情報は、番号法で限定的に明記された事務を処理するため
に収集又は保管されるものであるから、それらの事務を行う必要が
ある場合に限り、保管し続けることができる。

イ. 所管法令によって個人番号が記載された書類を一定期間保存するこ
とが義務付けられている場合、その期間、事業者は、当該書類だけ
でなく、システム内においても保管することができる。

ウ. 個人番号が記載された書類等については、事務処理をする必要がな
くなった場合で、定められている保存期間を経過したときは、個人
番号をできるだけ速やかに廃棄又は削除しなければならない。

エ. 事業者ガイドラインの別添1「特定個人情報に関する安全管理措置」
において、個人番号を削除した場合は、削除した記録を保存するこ
ととしているが、その削除の記録の内容としては、特定個人情報
ファイルの種類、責任者、削除された個人番号、削除・廃棄日時等
を記録することが考えられる。

特定個人情報の保管と廃棄

ア　正しい。 番号法で限定的に明記された事務を処理するために収集又は保管されるものであるから、それらの事務を行う必要がある場合に限り特定個人情報を保管し続けることができる。

イ　正しい。 所管法令によって個人番号が記載された書類を一定期間保存することが義務付けられている場合、その期間、事業者は当該書類だけでなく、システム内においても保管することができる。

ウ　正しい。 個人番号が記載された書類等については、事務処理をする必要がなくなった場合で、定められている保存期間を経過したときは、個人番号をできるだけ速やかに廃棄又は削除しなければならない。

エ　誤　り。 事業者ガイドラインの別添1「特定個人情報に関する安全管理措置」において、個人番号を削除した場合は、削除した記録を保存することとしている。なお、その削除の記録の内容としては、特定個人情報ファイルの種類・名称、責任者・取扱部署、削除・廃棄状況等を記録することが考えられ、個人番号自体は含めないものとしている。

解答：エ

問題 56. 情報提供ネットワークシステムに関する以下のアからエまでの記述のうち、誤っているものを1つ選びなさい。

ア．情報提供ネットワークシステムは、行政機関や地方公共団体等が相互に特定個人情報をやり取りするオンラインシステムで、暗号その他その内容を容易に復元することができない通信の方法で情報連携が行われている。

イ．内閣総理大臣は、委員会と協議して、情報提供ネットワークシステムを設置し、及び管理するものとする。

ウ．情報提供ネットワークシステムを使用した情報提供等の際に用いられる符号は、番号法における「個人番号」に該当しない。

エ．情報照会者及び情報提供者は、関係機関の間で特定個人情報の提供の求め又は提供があったときは、所定の事項を情報提供ネットワークシステムに接続されたその者の使用する電子計算機に記録しなければならない。

情報提供ネットワークシステム

ア正しい。情報提供ネットワークシステムは、行政機関や地方公共団体等が相互に特定個人情報をやり取りするオンラインシステムで、暗号その他その内容を容易に復元することができない通信の方法で情報連携が行われている。

イ正しい。内閣総理大臣は、委員会と協議して、情報提供ネットワークシステムを設置し、及び管理するものとする（法21条1項）。

ウ誤　り。情報提供ネットワークシステムを使用した情報提供等の際に用いられる符号は、2条8項に規定する「個人番号」に該当する。

エ正しい。情報照会者及び情報提供者は、関係機関の間で特定個人情報の提供の求め又は提供があったときは、所定の事項を情報提供ネットワークシステムに接続されたその者の使用する電子計算機に記録しなければならない（法23条1項）。

解答：ウ

問題57. 情報提供ネットワークシステムに関する以下のアからエまでの記述のうち、最も<u>適切ではない</u>ものを１つ選びなさい。

ア．番号法における「情報提供ネットワークシステム」とは、行政機関の長等の間で、特定個人情報を安全、効率的にやり取りするためのシステムであり、総務大臣が、個人情報保護委員会と協議の上、設置し、管理するものである。

イ．行政機関等及び地方公共団体等から個人番号利用事務の委託を受けた者であっても、情報提供ネットワークシステムに接続された端末を操作して、情報照会等を行うことはできない。

ウ．情報提供に際し、情報照会者及び情報提供者は、直接に情報提供の求めを行うのではなく、情報提供ネットワークシステムを介することを原則とする。

エ．他の法令の規定により、特定個人情報と同一の内容の書面の提出が義務付けられている場合、情報提供ネットワークシステムを通じて情報提供者から当該特定個人情報が提供されたときには、当該書面の提出があったとものとみなすことができる。

情報提供ネットワークシステム

　本問は、情報提供ネットワークシステム（法21条以下）に関する理解を問うものである。

ア不適切。番号法における「情報提供ネットワークシステム」とは、行政機関の長等の間で、特定個人情報を安全、効率的にやり取りするためのシステムであり、内閣総理大臣が、個人情報保護委員会と協議の上、設置し、管理するものである。

イ適　切。情報ネットワークシステムを利用することができるのは、行政機関の長等に限られる。このため、行政機関等及び地方公共団体等から個人番号利用事務の委託を受けた者は、情報ネットワークシステムに接続された端末を操作して、情報照会等を行うことはできない。

ウ適　切。本記述のとおりである。（法21条2項）

エ適　切。他の法令の規定により、特定個人情報と同一の内容の書面の提出が義務付けられている場合、情報提供ネットワークシステムを通じて情報提供者から当該特定個人情報が提供されたときには、当該書面の提出があったものとみなし、再度書面を提出する義務を解除するものである。（法22条2項）

解答：ア

問題 58. 特定個人情報の漏えいに関する以下のアからエまでの記述のうち、誤っているものを１つ選びなさい。

ア. 個人番号を用いて収集され、又は整理された個人情報が法令に定められた範囲を超えて利用され、又は漏えいすることがないよう、その管理の適正を確保しなければならない。

イ. 個人番号利用事務等実施者は、個人番号の漏えい、滅失又は毀損の防止その他の個人番号の適切な管理のために必要な措置を講じなければならない。

ウ. 内閣総理大臣は、特定個人情報の適正な取扱いを確保するため、特定個人情報ファイルを保有しようとする者が、特定個人情報の漏えいその他の事態の発生の危険性及び影響に関する評価を自ら実施し、これらの事態の発生を抑止することその他特定個人情報を適切に管理するために講ずべき措置を定めた指針を作成し、公表するものとする。

エ. 個人番号利用事務等実施者は、特定個人情報ファイルに記録された特定個人情報の漏えい、滅失、毀損その他の特定個人情報の安全の確保に係る事態であって個人の権利利益を害するおそれが大きいものとして個人情報保護委員会規則で定めるものが生じたときは、個人情報保護委員会規則で定めるところにより、当該事態が生じた旨を委員会に報告しなければならない。

　特定個人情報の漏えい

ア　正しい。個人番号を用いて収集され、又は整理された個人情報が法令に定められた範囲を超えて利用され、又は漏えいすることがないよう、その管理の適正を確保しなければならない（法3条1項4号）。

イ　正しい。個人番号利用事務等実施者は、個人番号の漏えい、滅失又は毀損の防止その他の個人番号の適切な管理のために必要な措置を講じなければならない（法12条）。

ウ　誤り。個人情報委員会は、特定個人情報の適正な取扱いを確保するため、特定個人情報ファイルを保有しようとする者が、特定個人情報の漏えいその他の事態の発生の危険性及び影響に関する評価を自ら実施し、これらの事態の発生を抑止することその他特定個人情報を適切に管理するために講ずべき措置を定めた指針を作成し、公表するものとする（法27条1項）。

エ　正しい。個人番号利用事務等実施者は、特定個人情報ファイルに記録された特定個人情報の漏えい、滅失、毀損その他の特定個人情報の安全の確保に係る事態であって個人の権利利益を害するおそれが大きいものとして個人情報保護委員会規則で定めるものが生じたときは、個人情報保護委員会規則で定めるところにより、当該事態が生じた旨を委員会に報告しなければならない（法29条の4）。

解答：ウ

問題 59. 特定個人情報に関する以下のアからエまでの事例のうち、特定個人情報の漏えいに<u>該当する</u>ものを1つ選びなさい。

ア. 特定個人情報を含むメールを第三者に誤送信した場合において、当該第三者が当該メールを削除するまでの間に当該メールに含まれる特定個人情報を閲覧していないことが確認された場合

イ. システムの設定ミス等によりインターネット上で特定個人情報の閲覧が可能な状態となっていた場合において、閲覧が不可能な状態とするまでの間に第三者が閲覧していないことがアクセスログ等から確認された場合

ウ. 特定個人情報が記録されたUSBメモリを社内で紛失した場合

エ. 個人番号が記載された書類を社外で紛失した場合

特定個人情報の漏えい

ア　該当しない。 特定個人情報を含むメールを第三者に誤送信した場合において、当該第三者が当該メールを削除するまでの間に当該メールに含まれる特定個人情報を閲覧していないことが確認された場合は、特定個人情報の漏えいに該当しない。

イ　該当しない。 システムの設定ミス等によりインターネット上で特定個人情報の閲覧が可能な状態となっていた場合において、閲覧が不可能な状態とするまでの間に第三者が閲覧していないことがアクセスログ等から確認された場合は、特定個人情報の漏えいに該当しない。

ウ　該当しない。 特定個人情報が記録されたＵＳＢメモリを社内で紛失した場合は、滅失（又は滅失のおそれ）に該当すると考えられる。

エ　該当する。 個人番号が記載された書類を社外で紛失した場合または紛失した場所が社内か社外か特定できない場合は、特定個人情報の漏えいに該当すると考えられる。

解答：エ

問題60. 特定個人情報の漏えい等の考え方に関する以下のアからエまでの記述のうち、最も<u>適切ではない</u>ものを１つ選びなさい。

ア．特定個人情報の「漏えい」とは、特定個人情報が外部に流出することをいい、システムの設定ミス等によりインターネット上で特定個人情報の閲覧が可能な状態となっていた場合がこれに当たるが、当該特定個人情報を第三者に閲覧されないうちに全てを回収した場合は、「漏えい」に該当しない。

イ．特定個人情報の「漏えい」とは、特定個人情報が外部に流出することをいい、不正アクセス等により第三者に特定個人情報を含む情報が窃取された場合がこれに当たる。

ウ．特定個人情報の「滅失」とは、特定個人情報の内容が失われることをいい、特定個人情報が記載された書類を社内で紛失した場合がこれに当たるが、当該特定個人情報の内容と同じデータが他に保管されている場合は、「滅失」に該当しない。

エ．特定個人情報の「毀損」とは、特定個人情報の内容が意図しない形で変更されることをいうから、暗号化処理された特定個人情報の復号キーを喪失したことにより復元できなくなった場合は、既存の内容を変更されたわけではないから、「毀損」に該当しない。

特定個人情報の漏えい等の考え方

本問は、特定個人情報の漏えい等の考え方に関する理解を問うものである。

ア適　切。特定個人情報の「漏えい」とは、特定個人情報が外部に流出することをいう（法29条の4　1項）。システムの設定ミス等によりインターネット上で特定個人情報の閲覧が可能な状態となっていた場合がこれに当たる。もっとも、漏えいに係る特定個人情報を第三者に閲覧されないうちに全てを回収した場合は、「漏えい」に該当しない。

イ適　切。特定個人情報の「漏えい」とは、特定個人情報が外部に流出することをいう（法29条の4　1項）。本記述のように、不正アクセス等により第三者に特定個人情報を含む情報が窃取された場合等がこれに当たる。

ウ適　切。特定個人情報の「滅失」とは、特定個人情報の内容が失われることをいう（法29条の4　1項）。本記述のように、特定個人情報が記載された書類を社内で紛失した場合等がこれに当たる。もっとも、紛失に係る特定個人情報の内容と同じデータが他に保管されている場合は、「滅失」に該当しない。

エ不適切。特定個人情報の「毀損」とは、特定個人情報の内容が意図しない形で変更されることや、内容を保ちつつも利用不能な状態となることをいう（法29条の4　1項）。よって、暗号化処理された特定個人情報の復号キーを喪失したことにより復元できなくなった場合のように、特定個人情報が利用不能な状態となった場合も、「毀損」に該当しうる。

解答：エ

問題61. 特定個人情報の漏えい等に関する報告に関する以下のアからエまでの記述のうち、最も<u>適切ではない</u>ものを1つ選びなさい。

ア. 漏えい等に係る特定個人情報について、高度な暗号化等の秘匿化がされている場合は、当該事態が生じた旨を個人情報保護委員会に報告しなくてもよい。

イ. システムの設定ミスによりインターネット上で特定個人情報の閲覧が可能な状態となっていても、実際に不特定多数の者に閲覧されていなければ、個人情報保護委員会への報告の対象とはならない。

ウ. 不正の目的をもって特定個人情報が利用されたおそれがある事態は、個人情報保護委員会への報告の対象となるが、当該事態を発生させた主体には、第三者のみならず、従業者も含まれる。

エ. 第三者に誤送信した特定個人情報に係る本人の数が100人以下である場合は、個人情報保護委員会への報告対象事態に該当しない。

特定個人情報の漏えい等に関する報告等

　本問は、特定個人情報の漏えい等に関する報告等に関する理解を問う
ものである。

ア適　切。漏えい等に係る特定個人情報について、高度な暗号化その他
の個人の権利利益を保護するために必要な措置を講じられて
いる場合は、当該事態が生じた旨を個人情報保護委員会に報
告する必要はない（法29条の４１項）。

イ不適切。個人番号利用事務実施者又は個人番号関係事務実施者の保有
する特定個人情報ファイルに記録された特定個人情報が電磁
的方法により不特定多数の者に閲覧され、又は閲覧されるお
それがある事態は、報告対象事態に該当するため、当該事態
を個人情報保護委員会へ報告しなければならない（法29条の
４１項）

ウ適　切。不正の目的をもって、特定個人情報が利用され、又は利用さ
れたおそれがある事態は、個人情報保護委員会への報告の対
象となるが、当該事態を発生させた主体には、第三者のみな
らず、従業者も含まれる（法29条の４１項）

エ適　切。第三者に誤送付・誤送信した特定個人情報に係る本人の数が
100人を超える事態は、報告対象事態に該当するため、当該
事態を個人情報保護委員会へ報告しなければならない（法29
条の４１項）よって、誤送信した特定個人情報に係る本人の
数が100人以下である場合は、個人情報保護委員会への報告
対象事態に該当しない。

解答：イ

問題62. 特定個人情報保護評価に関する以下のアからエまでの記述のうち、誤っているものを１つ選びなさい。

ア. 特定個人情報保護評価は、番号制度の枠組みの下での制度上の保護措置の１つであり、特定個人情報ファイルの適正な取扱いを確保することにより特定個人情報の漏えいその他の事態の発生を未然に防ぎ、個人のプライバシー等の権利利益を保護することを基本理念とするものである。

イ. 特定個人情報保護評価の実施主体には、①行政機関の長、②地方公共団体の長その他の機関、③独立行政法人等、④地方独立行政法人、⑤地方公共団体情報システム機構だけでなく、⑥情報提供ネットワークシステムを使用した情報連携を行う健康保険組合等も含まれている。

ウ. 特定個人情報保護評価の対象は、特定個人情報ファイルを取り扱う事務であり、行政機関の長等の職員又は職員であった者の人事、給与又は福利厚生に関する事項を記録した特定個人情報ファイルのみを取り扱う事務についても、特定個人情報保護評価の実施が義務付けられている。

エ. 特定個人情報保護評価を実施するに当たっては、どのレベルの評価を行うかをまず判断する必要があり、対象人数・取扱者数・重大事故の有無という３つの項目から、評価のレベル（基礎項目評価、重点項目評価、全項目評価）が決定される。

特定個人情報保護評価

　本問は、特定個人情報保護評価（27条、28条）に関する理解を問うものである。

ア　正しい。 特定個人情報保護評価は、番号制度の枠組みの下での制度上の保護措置の1つであり、特定個人情報ファイルの適正な取扱いを確保することにより特定個人情報の漏えいその他の事態の発生を未然に防ぎ、個人のプライバシー等の権利利益を保護することを基本理念とするものである。

イ　正しい。 特定個人情報保護評価の実施主体には、①行政機関の長、②地方公共団体の長その他の機関、③独立行政法人等、④地方独立行政法人、⑤地方公共団体情報システム機構だけでなく、⑥情報提供ネットワークシステムを使用した情報連携を行う健康保険組合等も含まれている。

ウ　誤り。 特定個人情報保護評価の対象は、特定個人情報ファイルを取り扱う事務であるとされているが、「職員の人事、給与等に関する事項又はこれらに準ずる事項を記録した特定個人情報ファイルのみを取り扱う事務」については、特定個人情報保護評価の実施は<u>義務付けられていない</u>。
　　　特定個人情報保護評価の実施は義務付けられていない事務については、特定個人情報保護評価に関する規則（平成26年特定個人情報保護委員会規則第1号）4条1号から7号に掲げられている。

エ　正しい。 特定個人情報保護評価を実施するに当たっては、どのレベルの評価を行うかをまず判断する必要があり、対象人数・取扱者数・重大事故の有無という3つの項目から、評価のレベル（基礎項目評価、重点項目評価、全項目評価）が決定される。

解答：ウ

問題63. 特定個人情報保護評価に関する以下のアからエまでの記述のうち、
最も適切ではないものを１つ選びなさい。

ア．特定個人情報保護評価とは、特定個人情報の漏えいその他の事態の
発生の危険性及び影響に関する評価をいい、事前対応による個人の
プライバシー等の権利利益の侵害の未然防止、及び、国民・住民の
信頼の確保を目的として、特定個人情報ファイルを保有しようとす
るものが、自ら実施するものである。

イ．特定個人情報保護評価は、行政機関の長等が、特定個人情報を保有
しようとするとき、又は保有している場合に義務付けられるが、特
定個人情報保護評価の実施が義務付けられていない者においても、
特定個人情報保護評価の枠組みを用い、任意で評価を行うことは可
能である。

ウ．地方公共団体情報システム機構は、情報提供ネットワークを使用す
る場合に限り、特定個人情報保護評価の実施が義務付けられている。

エ．特定個人情報保護評価の実施が義務付けられているにもかかわらず
これを実施していない場合、特定個人情報ファイルの適正な取扱い
確保のための措置が適切に講じられていないおそれがあることから、
情報連携を行うことが禁止される。

特定個人情報保護評価

本問は、特定個人情報保護評価（法27条、法28条）に関する理解を問
うものである。

ア適　切。特定個人情報保護評価とは、番号制度の枠組みの下での制度
上の保護措置の１つである。特定個人情報ファイルの適正な
取扱いを確保することにより、特定個人情報の漏えいその他
の事態の発生を未然に防ぎ、評価実施機関が、特定個人情報
の取扱いにおいて、個人のプライバシー等の権利利益の保護
に取り組んでいることを自ら宣言し、どのような措置を講じ
ているかを具体的に説明することにより、国民・住民の信頼
を確保することを目的としている。

イ適　切。特定個人情報保護評価の実施主体は、行政機関の長、地方公共団体の長その他の機関、独立行政法人等、地方独立行政法人、地方公共団体情報システム機構、情報提供ネットワークシステムを使用した情報連携を行う事業者であるが、このうち、特定個人情報を保有しようとする者又は保有する者は、特定個人情報保護評価の実施が義務付けられる。一方、義務付けられていない者においても、特定個人情報保護評価の枠組みを用い、任意で評価を行うことは可能であり、特定個人情報保護の観点から有益であるとされる。

ウ不適切。地方公共団体情報システム機構（J-LIS）は、市町村長（特別区の区長を含む。）によって指定される個人番号を生成するという番号制度における職務の重大性及び国民や住民の信頼の確保という点から、積極的な事前対応が求められている。そのため、情報提供ネットワークを使用するか否かに関わらず、特定個人情報保護評価の実施が義務付けられている。

エ適　切。特定個人情報保護評価を実施するものとされているにもかかわらず実施していない事務については、情報連携を行うことが禁止される。また、特定個人情報保護評価を実施するものとされているにもかかわらず実施していない評価実施機関に対し、委員会は、必要に応じて番号法の規定に基づく指導・助言、勧告・命令等を行い、特定個人情報の速やかな実施その他の是正を求めるものとされている。

解答：ウ

問題64. 研修の実施等に関する以下のアからエまでの記述のうち、最も<u>適切</u><u>ではないもの</u>を１つ選びなさい。

ア．個人情報保護委員会は、特定個人情報の保護を図るため、サイバーセキュリティの確保に関する事務を処理するために内閣官房に置かれる組織と情報を共有すること等により相互に連携を図りながら協力するものとされている。

イ．特定個人情報ファイルを保有する行政機関、独立行政法人等及び地方公共団体情報システム機構は、個人情報保護委員会規則で定めるところにより、定期的に、当該特定個人情報ファイルに記録された特定個人情報の取扱いの状況について個人情報保護委員会による検査を受けるものとされている。

ウ．特定個人情報ファイルを保有する地方公共団体及び地方独立行政法人は、個人情報保護委員会規則で定めるところにより、定期的に、個人情報保護委員会に対して当該特定個人情報ファイルに記録された特定個人情報の取扱いの状況について報告するものとされている。

エ．行政機関の長等が特定個人情報ファイルを保有し又は保有しようとする場合、特定個人情報ファイルを取り扱う事務に従事する者に対して、特定個人情報の適正な取扱いを確保するために必要なサイバーセキュリティの確保に関する事項その他の事項に関して行政機関の長等が研修を行うことは禁止されており、個人情報保護委員会が研修を行うものとされている。

研修の実施・特定個人情報の保護を図るための連携協力等

　本問は、研修の実施及び特定個人情報の保護を図るための連携協力等（法29条の2・3、32条の2）に関する理解を問うものである。なお、本問における「サイバーセキュリティ」とは、サイバーセキュリティ基本法2条に規定するサイバーセキュリティを指し、サイバーセキュリティの確保に関する事務を処理するために内閣官房に置かれる組織は、内閣サイバーセキュリティセンター（NISC）である。

ア適　切。本記述のとおりである（法32条の2）。

イ適　切。本記述のとおりである（法29条の3　1項）。

ウ適　切。本記述のとおりである（法29条の3　2項）。

エ不適切。行政機関の長等は、特定個人情報ファイルを保有し、又は保有しようとするときは、特定個人情報ファイルを取り扱う事務に従事する者に対して、政令で定めるところにより、特定個人情報の適正な取扱いを確保するために必要なサイバーセキュリティ（サイバーセキュリティ基本法2条に規定するサイバーセキュリティ）の確保に関する事項その他の事項に関する研修を行うもの（法29条の2）とされており、**個人情報保護委員会が研修を行うものとはされていない**。

解答：エ

問題65. 特定個人情報ファイルの作成の制限に関する以下のアからエまでの
記述のうち、最も<u>適切ではない</u>ものを1つ選びなさい。

ア. 個人番号関係事務の委託先が、委託者から指示を受けて、委託者に
対して業務状況を報告するために、特定個人情報ファイルを作成す
ることはできるが、委託された業務に関係なく作成することは、法
律上認められない。

イ. 個人番号関係事務実施者が、個人番号関係事務を処理する目的で、
特定個人情報ファイルに登録済の個人番号を照会機能で呼び出し、
プリントアウトすることは、法律上認められる。

ウ. 個人番号関係事務実施者が、障害への対応等のために特定個人情報
ファイルのバックアップファイルを作成することは、法律上認めら
れる。

エ. 特定個人情報ファイルの作成の制限に違反する行為については、個
人情報保護委員会による勧告の対象となる。また、勧告に従わな
かった場合又は勧告がなされていなくても緊急に措置をとる必要が
ある場合は是正命令の対象となるが、命令に反した場合でも刑事罰
の対象にはならない。

特定個人情報ファイルの作成の制限

　本問は、特定個人情報ファイルの作成の制限（法29条）に関する理解を問うものである。

ア適　切。 委託先への監督の一環として、業務状況を報告させる場合には、特定個人情報ファイルを作成することはできるが、委託された業務に関係なく特定個人情報ファイルを作成することは、法律上認められない。

イ適　切。 本記述のとおりである。

ウ適　切。 個人番号関係事務を処理するために必要な範囲で、バックアップファイルを作成することはできるが、作成したバックアップファイルに対する安全管理措置を講ずる必要がある。

エ不適切。 特定個人情報ファイルの作成の制限に違反する行為については、個人情報保護委員会による勧告の対象となる（法34条1項）。また、勧告に従わなかった場合又は勧告がなされていなくても緊急に措置をとる必要がある場合は是正命令の対象となり（法34条2項・3項）、命令に反した場合は刑事罰（2年以下の懲役又は50万円以下の罰金）の対象となる（法53条）。

解答：エ

問題66. 特定個人情報ファイルの作成の制限に関する以下のアからエまでの
記述のうち、最も<u>適切な</u>ものを1つ選びなさい。

ア. 安全管理の観点から個人番号を仮名化して保管している場合は、そ
の仮名化した情報と元の情報を照合するための照合表として、特定
個人情報ファイルを作成しうる。

イ. 専ら社内用の資料として過去の業務状況を記録する目的であれば、
特定個人情報ファイルを作成することができる。

ウ. 個人番号利用事務の受託者は、委託者に対して、業務状況を報告す
るため、委託された業務を超えて特定個人情報ファイルを作成する
ことができる。

エ. 専ら提出書類間の整合性を確認する目的で、個人番号を記載した
明細表を作成することは許されない。

特定個人情報ファイルの作成の制限

　本間は、特定個人情報ファイルの作成の制限に関する理解を問うものである。

ア適　切。個人番号関係事務の範囲内であれば、安全管理の観点から個人番号を仮名化して保管している場合において、その仮名化した情報と元の情報を照合するための照合表を作成することができる。

イ不適切。専ら社内資料として過去の業務状況を記録する目的で特定個人情報ファイルを作成することは、個人番号関係事務を処理するために必要な範囲に含まれるとはいえず、許されない。）

ウ不適切。委託者が受託者への監督の一環として業務状況を報告させる場合には、受託者は、特定個人情報ファイルを作成することができる。もっとも、委託された業務に関係なく特定個人情報ファイルを作成することはできないことから、委託された業務を超えて特定個人情報ファイルを作成することはできない。

エ不適切。個人番号関係事務の範囲内であれば、提出書類間の整合性を確認するために個人番号を記載した明細表を作成することができる。

解答：ア

問題 67. 特定個人情報ファイルの作成及び利用の制限に関する以下のアか
らエまでの記述のうち、正しいものを1つ選びなさい。

ア. 個人番号関係事務又は個人番号利用事務を処理するために必要な範
囲に限って、特定個人情報ファイルを作成することができる。

イ. 原則として、個人番号利用事務等を処理するために必要な範囲を超
えて特定個人情報ファイルを作成してはならないとされており、そ
の主体は「個人番号利用事務等実施者その他個人番号利用事務等に
従事する者」であるから、個人番号利用事務等実施者の職員等であ
れば、個人番号利用事務等に従事する立場にない者であっても、こ
の主体に含まれる。

ウ. 事業者から従業員等の源泉徴収票作成事務について委託を受けた税
理士等の受託者は、「個人番号関係事務実施者」には該当せず、個
人番号関係事務を処理するために必要な範囲で特定個人情報ファイ
ルを作成することができない。

エ. 事業者が、社内資料として過去の業務状況を記録する目的で特定個
人情報ファイルを作成することは、個人番号関係事務を処理するた
めに必要な範囲に含まれ、認められる。

特定個人情報ファイルの作成及び利用の制限

　本問は、特定個人情報ファイルの作成及び利用の制限（29条以下）に関する理解を問うものである。

ア　正しい。個人番号関係事務又は個人番号利用事務を処理するために必要な範囲に限って、特定個人情報ファイルを作成することができる。

イ　誤り。個人番号利用事務等実施者その他個人番号利用事務等に従事する者は、原則として、個人番号利用事務等を処理するために必要な範囲を超えて特定個人情報ファイルを作成してはならない（29条）。この規定は、特定個人情報ファイルを扱い得る立場にある者がその立場を悪用する行為を規制するものであるから、個人番号利用事務等実施者の職員等であってもそのような立場にない者は主体にはならない。

ウ　誤り。事業者から従業員等の源泉徴収票作成事務について委託を受けた税理士等の受託者についても、「個人番号関係事務実施者」に該当することから、個人番号関係事務を処理するために必要な範囲で特定個人情報ファイルを作成することができる。

エ　誤り。単に社内資料として過去の業務状況を記録する目的で特定個人情報ファイルを作成することは、個人番号関係事務を処理するために必要な範囲に含まれるとはいえず、認められない。

解答：ア

問題68. 特定個人情報の取扱いの監督等に関する以下のアからエまでの記述のうち、最も適切なものを1つ選びなさい。
なお、本問において「委員会」とは個人情報保護委員会をいうものとする。

ア．委員会は、内閣総理大臣に対し、その所掌事務の遂行を通じて得られた特定個人情報の保護に関する施策の改善についての意見を述べなければならない。

イ．私的独占の禁止及び公正取引の確保に関する法律の規定による犯則事件の調査が行われる場合においては、提供を受けた特定個人情報の取り扱いに関して、委員会による勧告措置は適用されない。

ウ．委員会は、地方公共団体における特定個人情報の適正な取扱いを確保するために必要があると認めるときは、当該特定個人情報と共に管理されている特定個人情報以外の個人情報の取扱いに関し、併せて指導及び助言をしなければならない。

エ．委員会は、特定個人情報の取扱いに関して法令の規定に違反する行為が行われた場合において、個人の重大な権利利益を害する事実があるため緊急に措置をとる必要があると認めるときは、当該違反行為をした者に対し、当該違反行為の中止その他違反を是正するために必要な措置をとるべき旨を命じなければならない。

特定個人情報の取扱いの監督等

本問は、特定個人情報の取扱いの監督等に関する理解を問うものである。

ア不適切。 委員会は、内閣総理大臣に対し、その所掌事務の遂行を通じて得られた特定個人情報の保護に関する施策の改善についての意見を述べることができる（法38条）。

イ適 切。 私的独占の禁止及び公正取引の確保に関する法律47条1項の規定による処分又は同法101条1項に規定する犯則事件の調査が行われる場合においては、提供を受けた特定個人情報の取り扱いに関して、委員会による勧告措置は適用されない（法36条、令34条、法別表2号）。

ウ不適切。 委員会は、番号法の施行に必要な限度において、個人番号利用事務等実施者に対し、特定個人情報の取扱いに関し、必要な指導及び助言をすることができる。この場合において、地方公共団体又は地方独立行政法人における特定個人情報の適正な取扱いを確保するために必要があると認めるときは、当該特定個人情報と共に管理されている特定個人情報以外の個人情報の取扱いに関し、併せて指導及び助言をすることができる（法33条）。従って、特定個人情報以外の個人情報の取扱いに関し、指導及び助言をしなければならないわけではない。

エ不適切。 委員会は、法34条1項及び2項の規定にかかわらず、特定個人情報の取扱いに関して法令の規定に違反する行為が行われた場合において、個人の重大な権利利益を害する事実があるため緊急に措置をとる必要があると認めるときは、当該違反行為をした者に対し、期限を定めて、当該違反行為の中止その他違反を是正するために必要な措置をとるべき旨を命ずることができる（法34条）。従って、このような場合でも、命令をしなければならないわけではない。

解答：イ

問題69. 個人情報保護委員会に関する以下のアからエまでの記述のうち、最も<u>適切</u>なものを１つ選びなさい。

ア．個人情報保護委員会は、総務大臣の所轄に属する。

イ．個人情報保護委員会の委員長及び委員は、共同してその職権を行う。

ウ．個人情報保護委員会の委員長及び委員の任期は、４年である。

エ．個人情報保護委員会の委員長及び委員は、再任することができる。

個人情報保護委員会

ア不適切。個人情報保護委員会は、内閣総理大臣の所轄に属する（127条2項）。

イ不適切。個人情報保護委員会の委員長及び委員は、独立してその職権を行う（130条）。

ウ不適切。個人情報保護委員会の委員長及び委員の任期は、5年である（132条1項）。

エ適　切。個人情報保護委員会の委員長及び委員は、再任することができる（132条2項）。

解答：エ

問題70. 個人情報保護委員会に関する以下のアからエまでの記述のうち、最も<u>適切ではない</u>ものを１つ選びなさい。

ア．個人情報保護委員会は、行政機関等の事務及び事業の適正かつ円滑な運営を図り、並びに個人情報の適正かつ効果的な活用が新たな産業の創出並びに活力ある経済社会及び豊かな国民生活の実現に資するものであることその他の個人情報の有用性に配慮しつつ、個人の権利利益を保護するため、個人情報の適正な取扱いの確保を図ることを任務とする機関である。

イ．個人情報保護委員会の所管事務の１つとして、特定個人情報の取扱いに関する監視又は監督並びに苦情の申出についての必要なあっせん及びその処理を行う事業者への協力に関することが挙げられている。

ウ．個人情報保護委員会は、委員長及び委員８人で組織するが、委員のうち２人は非常勤とする。

エ．委員長及び常勤の委員は、在任中、内閣総理大臣の許可のある場合を除くほか、報酬を得て他の職務に従事し、又は営利事業を営み、その他金銭上の利益を目的とする業務を行ってはならない。

個人情報保護委員会

本問は、個人情報保護委員会（個人情報保護法127条以下）に関する理解を問うものである。

ア適　切。本記述のとおりである。（個人情報保護法128条）

イ適　切。個人情報保護委員会の所管事務の１つとして、特定個人情報（番号法２条８項に規定する特定個人情報をいう。）の取扱いに関する監視又は監督並びに苦情の申出についての必要なあっせん及びその処理を行う事業者への協力に関すること（個人情報保護法129条４号）が挙げられている。

ウ不適切。個人情報保護委員会は、委員長及び委員８人で組織するが、委員のうち４人は非常勤とする。（個人情報保護法131条１項・２項）

エ適　切。本記述のとおりである。（個人情報保護法139条２項）

解答：ウ

問題71.　個人情報保護委員会に関する以下のアからエまでの記述のうち、最も<u>適切な</u>ものを１つ選びなさい。

　　ア．個人情報保護委員会は、任意の判断で、あらかじめ、委員長に事故がある場合に委員長を代理する者を定めておくことができる。

　　イ．委員長及び委員は、その在任中、個人情報保護法又は番号法以外の法律に違反して罰金刑に処せられた場合、罷免される。

　　ウ．個人情報保護委員会の委員長及び委員の任期は、５年であり、再任されることはない。

　　エ．個人情報保護委員会の委員長及び委員は、人格が高潔で識見の高い者のうちから、両議院の同意を得て、内閣総理大臣が任命する。

個人情報保護委員会

　本問は、個人情報保護委員会に関する理解を問うものである。

ア不適切。　委員長は、委員会の会務を総理し、委員会を代表する。そして、委員会は、あらかじめ常勤の委員のうちから、委員長に事故がある場合に委員長を代理する者を定めておかなければならない（個人情報保護法135条）。よって、任意に代理する者を定めるか否かを判断できるわけではない。

イ不適切。　委員長及び委員は、その在任中、①破産手続開始の決定を受けたとき、②個人情報保護法又は番号利用法の規定に違反して刑に処せられたとき、③禁錮以上の刑に処せられたとき、④心身の故障のため職務を執行することができないと認められたとき、又は職務上の義務違反その他委員長若しくは委員たるに適しない非行があると認められたときに、内閣総理大臣によって罷免される（個人情報保護法133条、134条）。個人情報保護法又は番号利用法以外の法律に違反して罰金刑に処せられた場合は、法廷の罷免事由に当たらない。（刑の重さは、重い順に死刑・懲役・禁錮・罰金・科料となるため。）

ウ不適切。　委員長及び委員の任期は、5年であり、再任することができる（個人情報保護法132条1項、2項）。

エ適　切。　委員長及び委員は、人格が高潔で識見の高い者のうちから、両議院の同意を得て、内閣総理大臣が任命する（個人情報保護法131条3項）。

解答：エ

問題 72. 個人情報保護委員会による個人情報取扱事業者等の監督に関する以下のアからエまでの記述のうち、<u>誤っている</u>ものを１つ選びなさい。

ア．個人情報保護委員会は、個人情報取扱事業者等その他の関係者に対し、個人情報等の取扱いに関し、必要な報告若しくは資料の提出を求めることができる。

イ．個人情報保護委員会は、その職員に、個人情報取扱事業者など関係者の事務所その他必要な場所に立ち入らせ、帳簿書類または物件を検査させることができるが、その際の立入検査の権限は、犯罪捜査のために認められたものと解釈できる。

ウ．委員会は、個人情報取扱事業者等に対し、個人情報等の取扱いに関し必要な指導及び助言をすることができる。

エ．委員会は、勧告を受けた個人情報取扱事業者等が正当な理由がなくてその勧告に係る措置をとらなかった場合において個人の重大な権利利益の侵害が切迫していると認めるときは、当該個人情報取扱事業者等に対し、その勧告に係る措置をとるべきことを命ずることができる。

個人情報保護委員会よる個人情報取扱事業者等の監督

ア　正しい。個人情報保護委員会は、個人情報取扱事業者等その他の関係者に対し、個人情報等の取扱いに関し、必要な報告若しくは資料の提出を求めることができる（個人情報保護法 143 条 1 項前段）。

イ　誤　り。個人情報保護委員会は、その職員に、個人情報取扱事業者など関係者の事務所その他必要な場所に立ち入らせ、帳簿書類または物件を検査させることができる（個人情報保護法 143 条 1 項後段）が、その際の立入検査の権限は、犯罪捜査のために認められたものと解釈してはならない（同条 3 項）。

ウ　正しい。委員会は、個人情報取扱事業者等に対し、個人情報等の取扱いに関し必要な指導及び助言をすることができる（個人情報保護法 144 条）。

エ　正しい。委員会は、勧告を受けた個人情報取扱事業者等が正当な理由がなくてその勧告に係る措置をとらなかった場合において個人の重大な権利利益の侵害が切迫していると認めるときは、当該個人情報取扱事業者等に対し、その勧告に係る措置をとるべきことを命ずることができる（個人情報保護法 145 条 2 項）。

解答：イ

問題 73. 法人番号に関する以下のアからエまでの記述のうち、<u>誤っている</u>
ものを1つ選びなさい。

ア. 国税庁は、番号法に基づき、法人に対して 12 桁の法人番号を指定
し商号又は名称、本店又は主たる事務所の所在地及び法人番号を公
表するとともに、対象の法人へ法人番号を通知している。

イ. 法人等以外の法人又は人格のない社団等であって政令で定めるもの
は、政令で定めるところにより、その者の商号又は名称及び本店又
は主たる事務所の所在地その他財務省令で定める事項を国税庁長官
に届け出て法人番号の指定を受けることができる。

ウ. 外国法人（外国に本店がある法人）は、設立登記のない法人に該当
するため、国内事務所を支店登記したのみでは法人番号は指定され
ない。

エ. 法人番号特有の目的として、法人番号の利用範囲に制限がないこと
から、民間による利活用を促進することにより、番号を活用した新
たな価値の創出が期待されている。

法人番号

ア　誤　り。国税庁は、番号法に基づき、法人に対して 13 桁の法人番号が指定し商号又は名称、本店又は主たる事務所の所在地及び法人番号を公表するとともに、対象の法人へ法人番号を通知している。

イ　正しい。法人等以外の法人又は人格のない社団等であって政令で定めるものは、政令で定めるところにより、その者の商号又は名称及び本店又は主たる事務所の所在地その他財務省令で定める事項を国税庁長官に届け出て法人番号の指定を受けることができる（法 39 条 2 項）。

ウ　正しい。外国法人（外国に本店がある法人）は、設立登記のない法人に該当するため、国内事務所を支店登記したのみでは法人番号は指定されない。

エ　正しい。法人番号特有の目的として、法人番号の利用範囲に制限がないことから、民間による利活用を促進することにより、番号を活用した新たな価値の創出が期待されている。

解答：ア

問題74. 以下のアからエまでのうち、法人番号の<u>指定対象になる</u>ものを１つ
　　　　選びなさい。

　ア．個人事業者

　イ．健康保険組合

　ウ．民法上の組合

　エ．地方公共団体を構成する各機関（都道府県の議会等）

法人番号

ア　対象にならない。法人番号は、法人や団体に対して指定されることから、
　　　　　　　　　　　個人事業者は、法人番号の指定対象にならない。

イ　対象になる。　　設立登記のない法人のうち、税法上の届出書等を提出
　　　　　　　　　　することとされているものは、「これらの法人以外の
　　　　　　　　　　法人」（39条１項）として、法人番号が指定される。
　　　　　　　　　　健康保険組合はこれに該当する。よって、健康保険
　　　　　　　　　　組合は、法人番号の指定対象になる。

ウ　対象にならない。民法上の組合（民法667条１項）は、当事者間の契約
　　　　　　　　　　に過ぎないことから、「人格のない社団等」には該当
　　　　　　　　　　せず、法人番号の指定対象にならない。

エ　対象にならない。「地方公共団体」には、法人番号が指定される（39
　　　　　　　　　　条１項）。しかし、条文上は「地方公共団体の機関」
　　　　　　　　　　とされていないことから、地方公共団体を構成する
　　　　　　　　　　各機関（都道府県の議会等）は、法人番号の指定対
　　　　　　　　　　象にならない。

解答：イ

問題75. 法人番号の付与に関する以下のアからエまでの記述のうち、最も<u>適切</u>なものを１つ選びなさい。

ア．外国法人は、国内事務所を支店登記することにより、法人番号が指定される。

イ．税務署に開業届を提出している個人事業者には、法人番号が付与される。

ウ．人格のない社団等であって政令で定めるものは、一定の事項を国税庁長官に届け出て法人番号の指定を受けることができるが、代表の方法、総会の運営、財産の管理その他団体としての主要な点が確定していない団体については、人格のない社団に該当せず、法人番号の指定を受けることはできない。

エ．支店ごとに管轄の税務署へ給与支払事務所開設届出書を提出しており、給与支払事務所が本店とは異なる場合は、その支店ごとに法人番号が付与される。

法人番号の指定（付与）

本問は、法人番号（法39条）に関する理解を問うものである。

ア不適切。外国法人は、国内事務所を支店登記しただけでは法人番号は指定されない

イ不適切。個人事業者には、法人番号は付与されない。

ウ適　切。法人でない社団若しくは財団で代表者若しくは管理人の定めがあるもの（人格のない社団等）であって政令で定めるものは、政令で定めるところにより、その者の商号又は名称及び本店又は主たる事務所の所在地その他財務省令で定める事項を国税庁長官に届け出て法人番号の指定を受けることができる（法39条2項・1項）。そして、「この法人でない社団又は財団で代表者又は管理者の定めがあるもの」とは、従来の税務上の取扱いと同様、当該社団又は財団の定款、寄附行為、規約等によって代表者又は管理人が定められている場合のほか、当該社団又は財団の業務に係る契約を締結し、その金銭、物品等を管理する等の業務を主宰する者が事実上あることを含む。具体的には、①団体としての組織を備えていること、②多数決の原則が行われていること、③構成員が変更しても団体そのものは存続すること、④その組織によって代表の方法、総会の運営、財産の管理その他団体としての主要な点が確定していること、の4要件が備わる団体がこれに該当する。

エ不適切。法人番号は1法人に対して一つの番号のみが指定される。そのため、法人の支店ごとに税務署へ給与支払事務所開設届出書を提出している場合でも、支店ごとに個別の法人番号が指定されることはない。

解答：ウ

問題76. 法人番号等の公表に関する以下のアからエまでの記述のうち、最も<u>適切ではない</u>ものを1つ選びなさい。

ア. 国税庁長官は、法人等に対して法人番号を指定した場合は、当該指定に係る法人番号保有者についての一定の事項について、インターネットを利用した公衆の閲覧に供する方法により公表する。

イ. 国税庁長官は、法人番号保有者の商号又は名称、本店又は主たる事務所の所在地及び法人番号の公表を行った場合において、当該公表に係る法人番号保有者について、公表に係る事項に変更があったときは、その事実を確認した上で、当該事項に変更があった旨及び変更後の事項を公表しなければならない。

ウ. 国税庁長官は、法人番号保有者の商号又は名称、本店又は主たる事務所の所在地及び法人番号を公表するが、その公表に際し、人格のない社団等である場合は、あらかじめ当該法人番号保有者の代表者等に同意を得る必要はない。

エ. 国税庁長官は、法人番号保有者の商号又は名称、本店又は主たる事務所の所在地及び法人番号の公表を行った場合において、当該公表に係る法人番号保有者について、会社法の規定による清算の結了があったときは、当該事実の確認の上、速やかに、当該法人番号保有者について当該事由が生じた旨及び当該事由が生じた年月日を公表しなければならない。

法人番号の公表

本問は、法人番号（法39条）に関する理解を問うものである。

ア 適　切。 国税庁長官は、施行令38条で定めるところにより、法定の要件を満たす法人等（会社法その他の法令の規定により設立の登記をした法人（設立登記法人）、税法上、給与支払事務所等の開設届出書、法人設立届出書、外国普通法人となった旨の届出書、収益事業開始届出書、消費税課税事業者届出書、消費税の新設法人に該当する旨の届出書又は消費税の特定新規設立法人に該当する旨の届出書を提出することとされてい

るもの。）に対して、法人番号を指定し、これを当該法人等に通知する（法39条1項）。加えて、法人番号の指定を受けた法人番号保有者の商号又は名称、本店又は主たる事務所の所在地及び法人番号を、速やかに、インターネットを利用して公衆の閲覧に供する方法により行う（法39条4項、令41条1項）。

イ適　切。国税庁長官は、番号法39条4項の規定による公表を行った場合において、当該公表に係る法人番号保有者について、当該公表に係る事項に変更があったとき（は、財務省令で定めるところによりその事実を確認した上で、これらの事項に加えて、速やかに、これらの事項に変更があった旨及び変更後のこれらの事項を前項に規定する方法により公表しなければならない（法39条4項、令41条2項・1項）

ウ不適切。国税庁長官は、法人番号保有者の商号又は名称、本店又は主たる事務所の所在地及び法人番号を公表する。そして、この公表の対象が人格のない社団等である場合は、あらかじめ、その代表者又は管理人の同意を得なければならない（法39条4項・2項）。

エ適　切。国税庁長官は、法人番号保有者の商号又は名称、本店又は主たる事務所の所在地及び法人番号を公表を行った場合において、当該公表に係る法人番号保有者について、会社法第二編第九章の規定による清算の結了その他の財務省令で定める事由が生じたときは、財務省令で定めるところによりその事実の確認した上で、速やかに、当該法人番号保有者について当該事由が生じた旨及び当該事由が生じた年月日（当該年月日が明らかでないときは、国税庁長官が当該事由が生じたことを知った年月日）を、インターネットを利用して公衆の閲覧に供する方法により公表する（法39条4項、令41条3項・1項）。

解答：ウ

問題77. 次の表は、番号法における罰則を抜粋したものである。以下のアからエまでのうち、表中の（　　）に入る<u>適切な</u>語句の組合せを1つ選びなさい。

行為		規定
人を欺き、人に暴行を加え、人を脅迫し、又は、財物の窃取、施設への侵入、不正アクセス等により個人番号を取得	行為者	3年以下の懲役又は（　a　）以下の罰金（51条）
	法人	（a）以下の罰金（57条1項2号）
委員会に対する、虚偽の報告、虚偽の資料提出、検査拒否等	行為者	1年以下の懲役又は（　b　）以下の罰金（54条）
	法人	（b）以下の罰金（57条1項2号）
委員会から命令を受けた者が、委員会の命令に違反	行為者	2年以下の懲役又は50万円以下の罰金（53条）
	法人	（　c　）以下の罰金（57条1項1号）

ア．a．300万円　　　b．100万円　　　c．1億円

イ．a．300万円　　　b．50万円　　　c．1000万円

ウ．a．150万円　　　b．50万円　　　c．1億円

エ．a．150万円　　　b．100万円　　　c．1000万円

罰則

行為		規定
人を欺き、人に暴行を加え、人を脅迫し、又は、財物の窃取、施設への侵入、不正アクセス等により個人番号を取得	行為者	３年以下の懲役又は<u>150万円以下</u>の罰金（51条）
	法人	<u>150万円以下の罰金</u>（57条１項２号)
委員会に対する、虚偽の報告、虚偽の資料提出、検査拒否等	行為者	１年以下の懲役又は<u>50万円</u>以下の罰金（57条１項２号)
	法人	50万円以下の罰金（57条１項２号)
委員会から命令を受けた者が、委員会の命令に違反	行為者	２年以下の懲役又は50万円以下の罰金（53条)
	法人	<u>１億円以下の罰金</u>（57条１項１号)

解答：ウ

問題78. 番号法における罰則に関する以下のアからエまでの記述のうち、
　　　　最も適切なものを１つ選びなさい。

ア．番号法には、特定個人情報等の適切な取扱いの確保のための措置義
　　務が設けられているが、これらの番号法上の保護規定に違反する行
　　為があっても、それらのみを理由として、直ちに罰則が科されるわ
　　けではない。

イ．日本国外で番号法に違反する行為が行われた場合でも、番号法に
　　規定されている罰則が適用される場合があるが、例えば、詐欺行
　　為等による個人番号の取得が国外で行われた場合は、国外犯処罰
　　の対象にはならない。

ウ．日本国外で番号法に違反する行為が行われた場合でも、番号法に
　　規定されている罰則が適用される場合がある。例えば、不正手段
　　により個人番号カードが取得された場合は、国外犯処罰の対象と
　　なる。

エ．番号法に規定されている罰則は、全て両罰規定の対象となっており、
　　罰則が規定された各行為が法人等の業務として行われた場合には、
　　法人等も処罰される。

罰則

　本問は、番号法における罰則（法48条〜57条）に関する理解を問うものである。

ア適　切。番号法には、特定個人情報等の適切な取扱いの確保ための措置義務が設けられているが、これらの番号法上の保護規定に違反する行為の全てに対して罰則が科されているわけではなく、個人情報保護委員会の勧告・命令があり、その命令に違反した場合に罰則が科されることになっている（法53条）ものもある。

イ不適切。日本国外で番号法に違反する行為が行われた場合でも、番号法に規定されている罰則が適用される場合がある。例えば、詐欺行為等による個人番号の取得が国外で行われた場合（51条）は、国外犯処罰の対象となる（法56条）。

ウ不適切。日本国外で番号法に違反する行為が行われた場合でも、番号法に規定されている罰則が適用される場合があるが、例えば、不正手段による個人番号カードの取得が国外で行われた場合（法55条）は、国外犯処罰の対象にはならない（法56条）。

エ不適切。番号法に規定されている罰則の全てが、両罰規定の対象となっているわけではなく、法48条、49条、51条、53条〜55条に規定されている違反行為をしたときは、その行為者を罰するほか、その法人に対して罰金刑を科すものとされている（法57条）。

解答：ア

問題79. 番号法57条の両罰規定に関する以下のアからエまでの記述のうち、最も<u>適切な</u>ものを１つ選びなさい。

ア. 機構保存本人確認情報の提供に関する事務に従事していた者が、正当な理由がないのに、その業務に関して取り扱った特定個人情報ファイルを提供したときは、法人に対し200万円以下の罰金刑が科される。

イ. 個人情報保護委員会による勧告に係る措置をとるべきとする命令に違反した者には、２年以下の懲役又は50万円以下の罰金刑が科され、法人にも同様の罰金刑が科される。

ウ. 法人の代表者が、偽りその他不正の手段により個人番号カードの交付を受けた場合は、６月以下の懲役又は50万円以下の罰金に処され、かつ、当該法人も同様の罰金に処される。

エ. 個人番号利用事務等に従事する者が、その業務に関して知り得た個人番号を第三者の不正な利益を図る目的で盗用したときは、法人に対して150万円以下の罰金刑が科される。

両罰規定

　　本問は、番号法における両罰規定に関する理解を問うものである。

　ア不適切。機構保存本人確認情報の提供に関する事務に従事する者又は従事していた者が、正当な理由がないのに、その業務に関して取り扱った個人の秘密に属する事項が記録された特定個人情報ファイル（その全部又は一部を複製し、又は加工した特定個人情報ファイルを含む。）を提供したときは、行為者は4年以下の懲役若しくは200万円以下の罰金に処され、又はこれが併科される（法48条、14条2項）。そして、当該行為者が従事する法人に対しては、1億円以下の罰金刑が科される（法57条1項1号）。

　イ不適切。個人情報保護委員会による勧告に係る措置をとるべきとする命令に違反した者には、2年以下の懲役又は50万円以下の罰金刑が科される（法53条、34条2項）。よって、前半の記述は正しい。もっとも、当該行為者が従事する法人に対しては、1億円以下の罰金刑が科される（法57条1項1号）。従って、後半は誤りである。

　ウ適　切。本記述のとおりである。（法55条、57条1項2号）

　エ不適切。個人番号利用事務等に従事する者が、その業務に関して知り得た個人番号を第三者の不正な利益を図る目的で盗用したときは、その法人に対して1億円以下の罰金刑が科される（法57条1項1号、48条、49条）。

解答：ウ

問題80. 番号法は、個人情報保護法における個人情報取扱事業者が保有し又
は保有しようとする特定個人情報に関して、一部の規定を除き、個
人情報保護法が適用されるとしている。以下のアからエまでの記述
のうち、最も<u>適切な</u>ものを１つ選びなさい。

ア. 個人情報保護法17条２項（個人情報取扱事業者は、次に掲げる場合
を除くほか、あらかじめ本人の同意を得ないで、要配慮個人情報を
取得してはならない。…以下略）は、特定個人情報に関して適用さ
れる。

イ. 個人情報保護法18条１項（個人情報取扱事業者は、個人情報を取得
した場合は、あらかじめその利用目的を公表している場合を除き、
速やかに、その利用目的を、本人に通知し、又は公表しなければな
らない。）は、特定個人情報に関しては適用されない。

ウ. 個人情報保護法25条１項（個人情報取扱事業者は、個人データを第
三者…中略…に提供したときは、個人情報保護委員会規則で定める
ところにより、当該個人データを提供した年月日、当該第三者の氏
名又は名称その他の個人情報保護委員会規則で定める事項に関する
記録を作成しなければならない。…以下略）は、特定個人情報に関
しては適用されない。

エ. 個人情報保護法26条１項（個人情報取扱事業者は、第三者から個人
データの提供を受けるに際しては、個人情報保護委員会規則で定め
るところにより、次に掲げる事項の確認を行わなければならない。
…以下略）は、特定個人情報に関して適用される。

特定個人情報に関する個人情報保護法の適用

　個人情報保護法における個人情報取扱事業者が保有し又は保有しようとする特定個人情報に関して、個人情報保護法が適用される。もっとも、個人情報保護法16条3項3号及び4号、17条2項並びに23条から26条までの規定は適用されない。本問は、この特定個人情報に関する個人情報保護法の適用（番号法30条3項）に関する理解を問うものである。

ア 不適切。個人情報保護法17条2項（個人情報取扱事業者は、次に掲げる場合を除くほか、あらかじめ本人の同意を得ないで、要配慮個人情報を取得してはならない。…以下略）は、特定個人情報に関しては適用されない。

イ 不適切。個人情報保護法18条1項（個人情報取扱事業者は、個人情報を取得した場合は、あらかじめその利用目的を公表している場合を除き、速やかに、その利用目的を、本人に通知し、又は公表しなければならない。）は、番号法に特別の規定がないため、特定個人情報に関して適用される。

ウ 適　切。本記述のとおりである。

エ 不適切。個人情報保護法26条1項（個人情報取扱事業者は、第三者から個人データの提供を受けるに際しては、個人情報保護委員会規則で定めるところにより、次に掲げる事項の確認を行わなければならない。…以下略）は、特定個人情報に関しては適用されない。

解答：ウ

【課題２－１】マイナンバー制度の実務

問題81.　本人確認の措置に関する以下のアからエまでの記述のうち、<u>誤っているもの</u>を１つ選びなさい。

　　　　　※本問における各書類は、提示時において有効であるものとする。

　ア．事業者が、本人から対面で個人番号の提供を受ける場合、個人番号カードのみの提示を受けることにより、本人確認の措置をとることができる。

　イ．事業者が、本人から対面で個人番号の提供を受ける場合、通知カード（氏名、住所等が住民票に記載されている事項と一致している）及び国民健康保険の被保険者証、以上２つの提示を受けることでは本人確認の措置をとることができない。

　ウ．事業者が、本人から対面で個人番号の提供を受ける場合、個人番号通知書及び旅券（パスポート）、以上２つの提示を受けることにより、本人確認の措置をとることができる。

　エ．事業者が、本人から対面で個人番号の提供を受ける場合、住民基本台帳カード及び源泉徴収票、以上２つの提示を受けることでは本人確認の措置をとることができない。

本人確認の措置（実在確認書類）

　　事業者が、本人から個人番号の提供を受ける場合の本人確認の措置においては、「番号確認」と「実在確認」の２つの確認を行うことが必要となる。本問は、この本人確認の措置（16条）に関する理解を問うものである。

ア正しい。本記述のとおりである。

イ正しい。本記述のとおりである。

　　　　　　通知カード（氏名、住所等が住民票に記載されている事項と一致している）は、「個人番号を証明する書類」として利用することができる。しかし、実在確認書類は、写真なしの書類の場合は２つ以上の書類が必要であるため、国民健康保険の被保険者証のみでは不足する。

ウ誤　り。個人番号通知書は、個人番号を知らせるために送付されるものであり、「個人番号を証明する書類」や「身分証明書」として利用することはできない。よって、本人確認の措置をとることはできない。

エ正しい。本記述のとおりである。

　　　　　　番号確認ができる書類がない。

解答：ウ

問題82. 本人確認の措置に関する以下のアからエまでの記述のうち、<u>誤っているもの</u>を1つ選びなさい。

　　　　※本問における各書類は、提示時において有効であるものとする。

ア．事業者が、本人の法定代理人（親権者）から個人番号の提供を受ける場合、代理人の戸籍謄本、代理人の通知カード（氏名、住所等が住民票に記載されている事項と一致している）、本人の個人番号通知書の写し、以上3つの提示を受けることでは本人確認の措置をとることができない。

イ．事業者が、本人の法定代理人（親権者）から個人番号の提供を受ける場合、委任状、代理人の印鑑登録証明書、本人の個人番号が記載されている住民票記載事項証明書の写し、以上3つの提示を受けることにより、本人確認の措置をとることができる。

ウ．事業者が、本人の任意代理人から個人番号の提供を受ける場合、委任状、代理人の個人番号カード、本人の通知カード（氏名、住所等が住民票に記載されている事項と一致している）、以上3つの提示を受けることにより、本人確認の措置をとることができる。

エ．事業者が、本人の任意代理人から個人番号の提供を受ける場合、代理人の戸籍謄本、代理人の運転免許証、本人の個人番号カードの写し、以上3つの提示を受けることでは本人確認の措置をとることはできない。

本人確認の措置

　事業者が、本人の代理人から個人番号の提供を受ける場合の本人確認の措置においては、「代理権の確認」、「代理人の実在確認」、「本人の番号確認」の３つの確認を行うことが必要となる。本問は、この本人確認の措置（16条）に関する理解を問うものである。

ア正しい。 本記述のとおりである。

　　　　　「本人の番号確認」ができない。個人番号通知書は、個人番号を知らせるために送付されるものであり、「個人番号を証明する書類」や「身分証明書」として利用することはできない。

イ誤　り。 「代理権の確認」、「代理人の実在確認」ができない。法定代理人の場合は、「代理権の確認」には戸籍謄本その他その資格を証明する書類が必要である。また、実在確認書類は、写真なしの書類の場合は２つ以上の書類が必要であるため、印鑑登録証明書のみでは不足する。よって、本人確認の措置をとることはできない。

ウ正しい。 本記述のとおりである。

エ正しい。 本記述のとおりである。

　　　　　「代理権の確認」は、任意代理人の場合は戸籍謄本ではなく、委任状が必要である。

解答：イ

問題83.　本人確認の措置に関する以下のアからエまでの記述のうち、最も
　　　　適切ではないものを1つ選びなさい。

　　　　　※本問における各書類は、提示時において有効であるものとする。

　ア．事業者は、本人から個人番号の提供を受ける場合、本人確認のため、
　　　当該提供をする者から個人番号カードの提示を受けることにより、
　　　本人確認の措置をとることができる。

　イ．事業者は、本人から個人番号の提供を受ける場合、本人確認のため、
　　　当該提供をする者から住民票の写し（個人番号記載有り）及び運転
　　　免許証の提示を受けることにより、本人確認の措置をとることがで
　　　きる。

　ウ．事業者は、本人から個人番号の提供を受ける場合、本人確認のため、
　　　源泉徴収票及び運転免許証の提示を受けることにより、本人確認の
　　　措置をとることができる。

　エ．事業者は、本人から個人番号の提供を受ける場合、本人確認のた
　　　め、住民票の写し（個人番号記載有り）、国民健康保険の被保険者
　　　証及び印鑑登録証明書の提示を受けることにより、本人確認の措
　　　置をとることができる。

本人確認の措置

本問は、本人確認の措置（法16条）に関する理解を問うものである。

ア適　切。事業者は、本人から個人番号の提供を受ける場合、個人番号カードの提示を受けることにより、本人確認の措置をとることができる（法16条）。

イ適　切。事業者は、本人から個人番号の提供を受ける場合、住民票の写し（個人番号記載有り）及び運転免許証の提示を受けることにより、本人確認の措置をとることができる（法16条、令12条1項、則1条1号）。

ウ不適切。事業者は、本人から個人番号の提供を受ける場合、源泉徴収票及び運転免許証の提示を受けることにより、本人確認の措置をとることができない（法16条、令12条1項、則2条参照）。

エ適　切。事業者は、本人から個人番号の提供を受ける場合、住民票の写し（個人番号記載有り）、国民健康保険の被保険者証及び印鑑登録証明書の提示を受けることにより、本人確認の措置をとることができる。

解答：ウ

問題84.　本人確認の措置に関する以下のアからエまでの記述のうち、<u>誤って</u><u>いるもの</u>を１つ選びなさい。

　　　　※本問における各書類は、提示時において有効であるものとする。

ア．代理人が法人であり、代理人から個人番号の提供を受ける場合、当該法人の登記事項証明書等に加え、現に個人番号の提供を行う者と当該法人との関係を証する書類（社員証等）も、原則として必要となる。

イ．代理人が法人であり、代理人から個人番号の提供を受ける場合、過去に個人番号の提供とは異なる手続において、登記事項証明書等により代理人となる法人の名称、所在地等を確認し、その実在を確認しているときであっても、異なる手続きにおける身元確認のため、あらためて代理人の身元確認書類の提示が必要となる。

ウ．「自身の個人番号に相違ない旨の申立書」は、他の番号確認書類の提示が困難な場合など例外的な場面での使用を予定したもので、本人の署名や押印があるなど、本人が作成したものと認識できる書類であることが必要である。また、申立書には個人番号の提供を行う者の個人番号及び個人識別事項（氏名及び住所又は生年月日）の記載が必要となる。

エ．今までに運転免許証等により従業員の身元確認を行っていることを前提とし、従業員が勤務先に給与所得者の扶養控除等（異動）申告書を提出し、事業者が従業員から個人番号の提供を受ける場合に、通知カードの提示を受けて個人番号の確認をし、勤務先のとりまとめ担当者が知覚により本人に相違ないことを判断して身元確認をすることにより、本人確認の措置をとることができる。

本人確認の措置

本問は、本人確認の措置（16条）に関する理解を問うものである。

ア正しい。 本記述のとおりである。

イ誤　り。 本人であることが明らかであるため代理人の身元確認書類の提示を不要とする場合として、「代理人が法人であって、過去に個人番号利用事務等実施者に対し規則7条2項に定める書類の提示を行っていること等により、個人番号の提供を行う者が本人の代理人であることが明らかな場合」が挙げられる。

過去に、個人番号の提供とは異なる手続において、登記事項証明書等により代理人となる法人の名称、所在地等を確認し、その実存を確認している場合には、当該法人の実存が明らかと認められることなどから、国税庁告示15-4に該当する。

よって、代理人の身元確認書類の提示は不要である。

ウ正しい。 本記述のとおりである。

エ正しい。 本記述のとおりである。

解答：イ

問題85. 本人確認の措置に関する以下のアからエまでの記述のうち、最も適切ではないものを1つ選びなさい。

　　　※本問における各書類は、提示時において有効であるものとする。

ア．事業者が、本人の法定代理人（親権者）から個人番号の提供を受ける場合、代理人の戸籍謄本、代理人の個人番号カード、本人の個人番号カード、以上3つの提示を受けることで本人確認の措置をとることができる。

イ．事業者が、本人の法定代理人（親権者）から個人番号の提供を受ける場合、代理人の委任状、代理人の個人番号カード、本人の個人番号カード、以上3つの提示を受けることで本人確認の措置をとることができる。

ウ．事業者が、本人の任意代理人から個人番号の提供を受ける場合、代理人の委任状、代理人の個人番号カード、本人の個人番号カード、以上3つの提示を受けることで本人確認の措置をとることができる。

エ．事業者が、本人の任意代理人から個人番号の提供を受ける場合、代理人の委任状、代理人の運転免許証、本人の個人番号カード、以上3つの提示を受けることで本人確認の措置をとることができる。

本人確認の措置

本問は、本人確認の措置（法16条）に関する理解を問うものである。

ア適　切。事業者が、本人の法定代理人（親権者）から個人番号の提供を受ける場合、代理人の戸籍謄本、代理人の個人番号カード、本人の個人番号カード、以上3つの提示を受けることで本人確認の措置をとることができる（則6条1項1号、則7条1項1号、則8条）。

イ不適切。事業者が、本人の法定代理人（親権者）から個人番号の提供を受ける場合、代理人の代理権の確認として代理人の委任状の提示を受けることで本人確認の措置をとることができない（則6条1項1号参照）。

ウ適　切。事業者が、本人の任意代理人から個人番号の提供を受ける場合、代理人の委任状、代理人の個人番号カード、本人の個人番号カード、以上3つの提示を受けることで本人確認の措置をとることができる（則6条1項2号、則7条1項1号、則8条）。

エ適　切。事業者が、本人の任意代理人から個人番号の提供を受ける場合、代理人の委任状、代理人の運転免許証、本人の個人番号カード、以上3つの提示を受けることで本人確認の措置をとることができる（則6条1項2号、則7条1項1号、則8条）。

解答：イ

問題86. 以下の表は、代理人から個人番号の提供を受ける場合の本人確認の措置についてのものである。代理人から個人番号の提供を受ける場合の本人確認の措置には、「代理権の確認」、「代理人の実在確認」、「本人の番号確認」を行う必要がある。以下のアからエまでのうち、本人確認の措置を<u>とることができる</u>ものを１つ選びなさい。

※本問における各種書類は、提示時において有効なものに限る。

	代理人	代理権の確認	代理人の実在確認	本人の番号確認
ア	本人の父	戸籍謄本	印鑑登録証明書	個人番号カードの写し
イ	本人の友人（成人）	委任状	運転免許証	通知カードの写し
ウ	本人と契約している税理士	税務代理権限証書	税理士証票	個人番号通知書の写し
エ	本人の上司	委任状	社員証（写真なし）	個人番号が記載された住民票の写し

本人確認の措置

　代理人から個人番号の提供を受ける場合の本人確認の措置には、代理権の確認・代理人の実在確認・本人の番号確認を行う必要がある。本問は、代理人から個人番号の提供を受ける場合の本人確認の措置（16条）に関する理解を問うものである。

アできない。「代理人の実在確認」ができない。通知カードは、個人番号の確認・証明のためにのみ使用できるが、通知カードは「身分証明書」として利用することはできない。

イできる。　表のとおりである。

ウできない。「本人の番号確認」ができない。個人番号通知書は、個人番号を知らせるために送付されるもので、「個人番号を証明する書類」や「身分証明書」として利用することはできない。

エできない。「代理人の実在確認」ができない。実在確認書類は、写真なしの書類の場合、２つ以上の書類が必要であるため、社員証（社員なし）のみでは不足する。

	代理人	代理権の確認	代理人の実在確認	本人の番号確認
ア	父親	代理人の戸籍謄本	通知カード	本人の個人番号カードの写し
イ	友人（成人）	委任状	運転免許証	本人の通知カードの写し
ウ	税理士	税務代理権限証書	税理士証票	本人の個人番号通知書の写し
エ	上司	委任状	社員証（写真なし）	本人の個人番号が記載された住民票の写し

解答：イ

問題87. 本人確認の措置に関する以下のアからエまでの方法のうち、最も
適切ではないものを１つ選びなさい。
　　　※本問における各書類は、提示時において有効であるものとする。

ア．過去に本人確認を行って特定個人情報ファイルをあらかじめ作成し
ている場合であれば、電話による実在確認もすることができる。

イ．すでに雇用契約成立時に対面で本人確認を行っていた場合は、身元
確認書類の提示を要しない。

ウ．運転免許証の写しを画像データで電子送信することで身元確認する
こともできる。

エ．写真付きの学生証では身元確認することはできない。

本人確認の措置

　　本問は、本人確認の措置（法16条）に関する理解を問うものである。

ア適　切。過去に本人確認を行って特定個人情報ファイルをあらかじめ
　　　　　作成している場合であれば、電話による身元確認もすること
　　　　　ができる。

イ適　切。本記述のとおりである。

ウ適　切。運転免許証の写しを画像データで電子送信することで身元確
　　　　　認することもできる。

エ不適切。写真付きの学生証でも身元確認することはできる。

解答：エ

問題88. 本人確認の措置に関する以下のアからエまでの記述のうち、最も<u>適</u>
<u>切な</u>ものを1つ選びなさい。

ア. 事業者が、従業員から個人番号の提供を受ける際の身元確認の方法
について、従業員に交付している社員証のICチップに格納された個
人識別事項を読み取ることにより確認する方法は、認められていな
い。

イ. 従業員が、個人番号関係事務実施者として自己の扶養親族等（所得
税法に規定する控除対象配偶者又は扶養親族その他の親族）から個
人番号の提供を受ける場合において、その者を対面で確認すること
によって本人であることが確認できるときであっても、本人の身元
確認書類が必要となる。

ウ. 事業者が、従業員から個人番号の提供を受ける場合において、従業
員の入社時に法律で定めるものと同程度の本人確認書類により身元
確認を行っており、その従業員が明らかに本人であると対面で確認
することができる場合には、本人の身元確認書類は不要となる。

エ. 事業者が、郵送やオンラインにより個人番号の提供を受けた際に、
過去に本人確認を行ったことがなく、本人確認書類が添付されてい
ないことにより本人確認ができない場合であっても、個人番号の提
供を行った者に対して電話をすることにより、本人の身元確認を行
うことができる。

本人確認の措置

本問は、本人確認の措置（16条）に関する理解を問うものである。

ア不適切。従業員の採用時など社員証の交付までに番号法や税法（所得税法224条2項等）で定めるもの又は国税庁告示で定めるものと同程度の身元確認書類（運転免許証、旅券等）による確認を行っている場合には、当該従業員から個人番号の提供を受ける際、従業員に交付している社員証のICチップに格納された個人識別事項を読み取ることにより、身元確認を行うことができる。

イ不適切。個人番号の提供を行う者と雇用関係にあること等の事情を勘案し、本人であることが明らかと個人番号利用事務実施者が認める場合には、本人の身元確認書類は不要となる。従業員が、個人番号関係事務実施者として自己の扶養親族等（所得税法に規定する控除対象配偶者又は扶養親族その他の親族）から個人番号の提供を受ける場合で、その者を対面で確認することによって本人であることが確認できる場合は、これに当たる。

ウ適　切。本記述のとおりである。

エ不適切。電話による確認は、事業者（個人番号利用事務等実施者）が、過去に本人確認を行って特定個人情報ファイルをあらかじめ作成している場合に限られている。また、単に電話により本人確認を行うことを認めているものではなく、例えば、郵送やオンラインにより個人番号の提供を受けた際に、本人確認書類が添付されていない等により本人確認ができないとの理由で、個人番号の提供を行った者に対して電話により本人確認を行うことは認められない。

解答：ウ

問題89.　本人確認の措置に関する以下のアからエまでの記述のうち、最も
　　　　適切ではないものを１つ選びなさい。
　　　　　※本問における各書類は、提示時において有効であるものとする。

　ア．法人が代理人となる場合、代理人の身元確認として当該法人の登
　　　記事項証明書及び現に提供を行った社員の社員証で本人確認をす
　　　ることができる。

　イ．法人が代理人となる場合、代理人の身元確認として当該法人の印
　　　鑑登録証明書及び現に提供を行った社員の社員証で本人確認をす
　　　ることができる。

　ウ．法人が代理人となる場合、代理人の身元確認として当該法人の定款
　　　及び現に提供を行った社員の社員証で本人確認をすることができる。

　エ．法人が代理人となる場合、代理人の身元確認として当該法人の印
　　　鑑登録証明書及び現に提供を行った社員の社員証で本人確認をす
　　　ることができる。

本人確認の措置

　本問は、本人確認の措置（法16条）に関する理解を問うものである。

ア適　切。本記述のとおりである。

イ適　切。本記述のとおりである。

ウ不適切。法人が代理人となる場合、代理人の身元確認としての官公署
　　　　　から発行又は発給をされた書類その他これに類する書類が必
　　　　　要であるが、定款はそれに含まれない。

エ適　切。本記述のとおりである。

解答：ウ

問題90. 本人確認の措置に関する以下のアからエまでの記述のうち、最も適切ではないものを1つ選びなさい。

ア. 事業者が、本人から郵送で個人番号の提供を受ける場合、個人番号カードのおもて面及び裏面の写し（おもて面・裏面とも専用のカードケースに入れた状態でコピーしたもの）の郵送を受けることによって、本人確認の措置をとることはできない。

イ. 事業者が、継続的な契約関係にある講演会の講師に対して謝礼を支払い、法定調書の提出が必要となる場合、講師にイメージデータ化した個人番号カードのおもて面のみをメールによって送信してもらい、それを確認することにより、本人確認の措置をとることができる。

ウ. 事業者は、運転免許証などで本人確認を行った上で、各顧客専用のインターネットページにログイン可能なID及びパスワードを発行し、顧客がそのID及びパスワードを利用して個人専用ページにログインすることにより本人の身元確認を行うことができるが、顧客自身が設定するログイン用ユーザID及びパスワードでは、本人の身元確認を行うことはできない。

エ. 社内ネットワークを用いて、給与の支払者が、従業員から申告書記載事項として個人番号を送信してもらう方法をとる場合には、所得税法に基づいて、従業員の源泉徴収に関する申告書に記載すべき事項の電磁的方法による提供の承認を受けておく必要がある。

本人確認の措置

本問は、本人確認の措置（16条）に関する理解を問うものである。

ア適　切。本記述のとおりである。

イ不適切。事業者が、継続的な契約関係にある講演会の講師に対して謝礼を支払い、法定調書の提出が必要となる場合、講師がイメージデータ化した**個人番号カードのおもて面と裏面をメールにより送信**し、事業者がそれを確認することにより、本人確認の措置をとることができる（ただし、裏面については専用のカードケースから出した状態でイメージデータ化する必要がある）。よって、個人番号カードのおもて面のみをメールにより送信しただけでは、裏面に記載されている個人番号を確認することができないため、本人確認の措置をとることはできない。

なお、提供を受けた個人番号（特定個人情報）を法定調書作成のために保管することが可能であることから（個人番号を保管する場合には、安全管理措置を適切に講ずる必要がある）、次回以降、改めて個人番号の提供を受ける必要はない（税法上、個人番号の告知を受ける必要があるとされている場合を除く）。

ウ適　切。本記述のとおりである。

エ適　切。本記述のとおりである。

解答：イ

問題91. 事業者が、雇用関係にある従業員から扶養親族（配偶者等）の個人番号を取得する場合における本人確認の措置に関する以下のアからエまでの記述のうち、最も<u>適切な</u>ものを１つ選びなさい。

ア．従業員が事業者に対して、扶養親族の個人番号を扶養控除等（異動）申告書に記載して提出する場合、従業員は、扶養親族の代理人であるから、事業者は、従業員の扶養親族の本人確認の措置を行う必要がある。

イ．従業員が事業者に対して、扶養親族の個人番号を扶養控除等（異動）申告書に記載して提出する場合、従業員は、扶養親族の代理人であるから、事業者は、従業員の扶養親族の本人確認の措置を行う必要はない。

ウ．従業員が事業者に対して、扶養親族の個人番号を扶養控除等（異動）申告書に記載して提出する場合、事業者は、個人番号関係事務実施者であるから、事業者は、従業員の扶養親族の本人確認の措置を行う必要がある。

エ．従業員が事業者に対して、扶養親族の個人番号を扶養控除等（異動）申告書に記載して提出する場合、従業員は、個人番号関係事務実施者であるから、従業員は、扶養親族の本人確認の措置を行う必要がある。

本人確認の措置

本問は、本人確認の措置（法16条）に関する理解を問うものである。

ア不適切。 従業員が事業者に対して、扶養親族の個人番号を扶養控除等（異動）申告書に記載して提出する場合、従業員は、個人番号関係事務実施者であるから、従業員が、扶養親族の本人確認の措置を行う必要がある。

イ不適切。 従業員が事業者に対して、扶養親族の個人番号を扶養控除等（異動）申告書に記載して提出する場合、従業員は、個人番号関係事務実施者である。したがって、従業員が、扶養親族の代理人であるとしている点で誤りである。

ウ不適切。 従業員が事業者に対して、扶養親族の個人番号を扶養控除等（異動）申告書に記載して提出する場合、事業者は、個人番号関係事務実施者であるが、本人から直接提供を受けたわけではないので、扶養親族の本人確認の措置を行う必要はない（法16条参照）。

エ適　切。 本記述のとおりである。

解答：エ

問題92. 死亡した従業員の勤務先法人が契約者、従業員が被保険者、死亡した従業員の家族（遺族）が死亡保険金受取人である生命保険契約があり、勤務先法人が遺族に代わり死亡保険金の請求を保険会社に対して行う場合の、本人確認の措置に関する以下のアからエまでの記述のうち、最も適切ではないものを１つ選びなさい。
※本問における各種書類は、提示時において有効なものに限る。

ア．保険会社は、法定調書を作成するために、死亡した従業員（被保険者）の個人番号を収集しておく必要はない。

イ．代理権の確認については、保険金請求書に請求人である遺族の住所・氏名及び押印と代理人である勤務先法人の住所・名称及び押印があることにより確認することができる。

ウ．代理人の身元確認及び「個人番号を提供する者と代理人である法人との関係を証する書類など」については、保険会社が保険契約時に審査を実施し、登記事項証明書等により勤務先法人の身元確認を了している場合には、保険金請求手続の担当者と勤務先法人との関係性を証する書類（社員証など）により確認することができる。

エ．死亡した従業員の家族（遺族）の個人番号の確認を行う必要はない。

本人確認の措置

　本問は、死亡した従業員の勤務先法人が契約者、従業員が被保険者、死亡した従業員の家族（遺族）が死亡保険金受取人である生命保険契約があり、勤務先法人が遺族に代わり死亡保険金の請求を保険会社に対して行う場合の、本人確認の措置（16条）に関する理解を問うものである。

ア適　切。本記述のとおりである。

イ適　切。本記述のとおりである。

ウ適　切。本記述のとおりである。

エ不適切。保険会社は、本人（従業員の遺族）の個人番号の確認が必要であり、保険金受取人となる遺族の通知カードの写し等により確認する。

解答：エ

問題93. 事業者が、雇用関係にある従業員から扶養親族（配偶者等）の個人番号を取得する場合における本人確認の措置に関する以下のアからエまでの記述のうち、最も<u>適切な</u>ものを1つ選びなさい。

ア. 従業員（第2号被保険者）が事業者に対して、扶養親族が国民年金の第3号被保険者に該当する旨の届出をした場合、従業員は、事業者への提出義務者であるから、事業者は、第3号被保険者の本人確認の措置を行う必要はない。

イ. 従業員（第2号被保険者）が事業者に対して、扶養親族が国民年金の第3号被保険者に該当する旨の届出をした場合、従業員は、事業者への提出義務者である第3号被保険者の代理人であるから、事業者は、第3号被保険者の本人確認の措置を行う必要がある。

ウ. 従業員が事業者に対して、扶養親族の個人番号を扶養控除等（異動）申告書に記載して提出する場合、従業員は、事業者への提出義務者であるから、事業者は、扶養親族の本人確認の措置を行う必要がある。

エ. 従業員が事業者に対して、扶養親族の個人番号を扶養控除等（異動）申告書に記載して提出する場合、従業員は、事業者への提出義務者である扶養親族の代理人であるから、事業者は、扶養親族の本人確認の措置を行う必要はない。

本人確認の措置

　本問は、本人確認の措置（16条）に関する理解を問うものである。

ア不適切。従業員（第2号被保険者）が事業者に対して、扶養親族が国民年金の第3号被保険者に該当する旨の届出をした場合、第3号被保険者が事業者への提出義務者となる。よって、従業員は、事業者への提出義務者である第3号被保険者の代理人であり、事業者への提出義務者ではない。また、事業者は、第3号被保険者の本人確認の措置を行う必要がある。

イ適　切。本記述のとおりである。

ウ不適切。事業者の従業員（個人番号関係事務実施者）は、所得税法194条1項の規定に従って、扶養控除等申告書の提出という個人番号関係事務を処理するために、事業者（個人番号関係事務実施者）に対し、その扶養親族の個人番号を記載した扶養控除等申告書を提出することとなる（19条2号）。この場合、従業員は、事業者への提出義務者であり、事業者は、扶養親族の本人確認の措置を行う必要はない。

エ不適切。事業者の従業員（個人番号関係事務実施者）は、所得税法194条1項の規定に従って、扶養控除等申告書の提出という個人番号関係事務を処理するために、事業者（個人番号関係事務実施者）に対し、その扶養親族の個人番号を記載した扶養控除等申告書を提出することとなる（19条2号）。よって、従業員は、事業者への提出義務者であり、扶養親族の代理人ではない。

　なお、事業者が扶養親族の本人確認の措置を行う必要はないとしている点は正しい。

解答：イ

問題94. 対面で個人番号の提供を受ける場合の本人確認の方法に関する以下のアからエまでの記述のうち、最も適切ではないものを１つ選びなさい。

ア．申請書に記載された内容について、個人番号カードのおもて面に記載された氏名及び住所又は生年月日の個人識別事項及び顔写真で身元確認を行う。

イ．提供を受けた個人番号カードについては、その写しを保管しなければならない。

ウ．郵送で個人番号の提供を受ける場合には、個人番号カードの写しの添付を受けることで、本人確認を行うことができる。

エ．個人番号カードの写しを提出する場合、個人番号カードのおもて面については、専用のカードケースに入れた状態でコピーすることができる。

対面で個人番号の提供を受ける場合の本人確認の方法

　本問は、対面で個人番号の提供を受ける場合の本人確認の方法に関する理解を問うものである。

ア適　切。申請書に記載された内容について、個人番号カードのおもて面に記載された氏名及び住所又は生年月日の個人識別事項及び顔写真で身元確認を行う。

イ不適切。提供を受けた個人番号カードについて、その写しを保管することは義務付けられていない。

ウ適　切。郵送で個人番号の提供を受ける場合には、個人番号カードの写しの添付を受けることで、本人確認を行うことができる。

エ適　切。個人番号カードの写しを提出する場合、個人番号カードのおもて面については、専用のカードケースに入れた状態でコピーすることができる。

解答：イ

問題95. 個人番号カードに関する以下のアからエまでの記述のうち、最も
適切ではないものを1つ選びなさい。

ア. 個人番号カードの交付を受けている者は、当該個人番号カードを紛
失したときは、直ちに、その旨を住所地市町村長（特別区の区長を
含む。以下同じ。）に届け出なければならない。

イ. 個人番号カードの交付を受けている者が死亡したときは、個人番号
カードは失効する。

ウ. 個人番号カードのICチップ内には、地方税関係情報や年金給付関係
情報が記録される。

エ. 結婚・離婚等により氏名の変更があった場合、個人番号カードの交
付を受けている者は、その変更があった日から14日以内に、その旨
を住所地市町村長に届け出るとともに、当該個人番号カードを提出
しなければならない。

個人番号カード

　本問は、個人番号カード（法17条）に関する理解を問うものである。

ア適　切。本記述のとおりである。（法17条5項）

イ適　切。本記述のとおりである。（令14条4号）

ウ不適切。個人番号カードのICチップ内には、氏名、住所、生年月日、性別、個人番号、顔写真等のカード記録事項が記録されるが（法2条7項）、地方税関係情報や年金給付関係情報等、プライバシー性の高い個人情報は記録されない。

エ適　切。個人番号カードの交付を受けている者は、結婚・離婚等により氏名の変更があった場合など、カード記録事項に変更（転入届に伴う住所変更以外の変更）があったときは、その変更があった日から14日以内に、その旨を住所地市町村長に届け出るとともに、当該個人番号カードを提出しなければならない。（法17条4項）

解答：ウ

問題96. 個人番号カードに関する以下のアからエまでの記述のうち、最も<u>適切ではない</u>ものを1つ選びなさい。

ア. 個人番号カードの交付を受けている者が甲市から乙市に転出・転入する場合、当該個人番号カードは、甲市に対する転出届と同時に甲市長に提出しなければならない。

イ. 市町村長（特別区の区長を含む。）は、政令で定めるところにより、当該市町村（特別区を含む。）が備える住民基本台帳に記録されている者に対し、その者の申請により、その者に係る個人番号カードを交付するものとされている。

ウ. 個人番号カードには専用のカードケースがあり、この専用のカードケースに入れた状態においては、個人番号カードのおもて面に記載されている臓器提供意思表示等は見えないようになっており、裏面に記載されている個人番号も見えないようになっている。

エ. 個人番号カードのICチップ内において、カード記録事項が記録された領域には、権限のある者しかアクセスすることができない措置が講じられている。

個人番号カード

　本問は、個人番号カード（法17条）に関する理解を問うものである。

ア不適切。個人番号カードの交付を受けている者が甲市から乙市に転出・転入する場合、当該個人番号カードは、甲市に対する転出届と同時に甲市長に提出するのではなく、乙市に対する転入届と同時に乙市長に提出しなければならない。（法17条2項）

イ適　切。本記述のとおりである。（法17条1項）

ウ適　切。本記述のとおりである。

エ適　切。本記述のとおりである。

解答：ア

問題97. 個人番号カード等の有効期限に関する以下のアからエまでの記述のうち、最も<u>適切ではない</u>ものを1つ選びなさい。

ア. 個人番号カードの発行の日において15歳以上の者における個人番号カードの有効期間は、当該発行の日から10回目の誕生日までである。

イ. 個人番号カードのICチップに搭載される「署名用電子証明書」と「利用者証明用電子証明書」の有効期間は、個人番号カードの発行の日から5回目の誕生日までである。

ウ. 「利用者証明用電子証明書」を15歳未満の者に発行する際は、法定代理人がパスワードを設定することになる。

エ. 個人番号カードの発行の日において15歳未満の者については、「署名用電子証明書」は原則として発行されない。

個人番号カード等の有効期限

　　本問は、個人番号カード等の有効期限に関する理解を問うものである。

ア不適切。個人番号カードの発行の日において18歳以上の者における個人番号カードの有効期間は、当該発行の日から10回目の誕生日までである。

　　　　なお、個人番号カードの発行の日において18歳未満の者については、当該発行の日から5回目の誕生日までである。

イ適　切。本記述のとおりである。

ウ適　切。本記述のとおりである。

エ適　切。「署名用電子証明書」は実印に相当するため、15歳未満の者については、住基カードにおける取扱いと同様に、原則として発行されない。

解答：ア

問題98. 個人番号利用事務実施者である健康保険組合等における措置等に関
する以下のアからエまでの記述のうち、最も<u>適切ではない</u>ものを
１つ選びなさい。

ア．健康保険組合等は、個人番号利用事務を処理するために必要がある
ときは、地方公共団体情報システム機構に対し、個人番号等の機構
保存本人確認情報の提供を求めることができる。

イ．健康保険組合等は、開示請求等をしようとする者が容易かつ的確に
開示請求等をすることができるよう、情報提供等の記録の特定に資
する情報の提供その他開示請求等をしようとする者の利便を考慮し
た適切な措置を講じなければならない。

ウ．健康保険組合等は、情報提供等の記録の開示請求が行われた場合に
おいて、当該開示請求に係る情報に第三者（国、独立行政法人等、
地方公共団体、地方独立行政法人、開示請求者及び開示請求を受け
た者以外の者）に関する情報が含まれている場合には、当該第三者
に対し意見書を提出する機会を与えることができ、また、一定の場
合には意見書を提出する機会を与えなければならず、健康保険組合
等自身も「第三者」に該当する。

エ．健康保険組合が被保険者の被扶養者の認定を行う場合には、被保
険者は、事業主を通じて健康保険組合に対し、被扶養者に係る課
税（非課税）証明書、年金額改定通知書等の写しを提出する必要
があるが、情報提供ネットワークシステムを通じて、被扶養者の
年間収入額、年金受給額の提供が行われた場合には、被保険者は、
被扶養者に係るこれらの添付書類を提出する必要はない。

健康保険組合等における措置等

本問は、健康保険組合等における措置等に関する理解を問うものである。

ア適　切。 健康保険組合等の個人番号利用事務実施者のうち施行令11条で定める者は、個人番号利用事務の対象者の個人番号が判明していない場合等、個人番号利用事務を処理するために必要があるときは、地方公共団体情報システム機構に対し、個人番号等の機構保存本人確認情報の提供を求めることができる。（法14条2項、令11条）

イ適　切。 本記述のとおりである。（法31条3項、個人情報保護法125条）

ウ不適切。 健康保険組合等は、情報提供等の記録の開示請求が行われた場合において、当該開示請求に係る情報に第三者（国、独立行政法人等、地方公共団体、地方独立行政法人、開示請求者及び開示請求を受けた者以外の者）に関する情報が含まれている場合には、当該第三者に対し意見書を提出する機会を与えることができ、また、一定の場合には意見書を提出する機会を与えなければならない（法31条3項、個人情報保護法86条）が、健康保険組合等自身は、「第三者」に該当しない。

エ適　切。 法令又は条例の規定により当該特定個人情報と同一の内容の書面の提出が義務付けられている場合、情報提供ネットワークシステムを通じて情報提供者又は条例事務関係情報提供者から特定個人情報が提供されたときには、その書面の提出があったものとみなされる（法22条2項）。よって、健康保険組合が被保険者の被扶養者の認定を行う場合には、被保険者は、事業主を通じて健康保険組合に対し、被扶養者に係る課税（非課税）証明書、年金額改定通知書等の写しを提出する必要がある（健康保険法施行規則38条等）が、情報提供ネットワークシステムを通じて、被扶養者の年間収入額、年金受給額の提供が行われた場合には、被保険者は被扶養者に係るこれらの添付書類を提出する必要がなくなる。

解答：ウ

問題99. 金融機関が顧客の個人番号を取り扱う事務に関する以下のアからエ
　　　　までの記述のうち、最も<u>適切ではない</u>ものを１つ選びなさい。

　ア．金融機関が、利用目的を「金融商品取引に関する支払調書作成事務」
　　　と特定して顧客から個人番号の提供を受けていた場合、その個人番
　　　号を「預貯金口座への付番に関する事務」のために利用するには、
　　　利用目的を明示して改めて個人番号の提供を受けるか、利用目的の
　　　変更の手続を行わなければ、利用することはできない。

　イ．金融機関は、利用目的を「激甚災害時等に金銭の支払を行う事務」
　　　と特定して顧客から個人番号の提供を受けることができる。

　ウ．先物取引の差金等決済に伴う支払調書の作成事務の場合は、所得税
　　　法及び同法施行令の規定により差金等決済をする日までに、その都
　　　度、個人番号の告知を求めることが原則であるが、先物取引等の委
　　　託に係る契約の締結時点で個人番号の提供を求めることもできる。

　エ．個人番号関係事務を実施するために必要な範囲で名寄せを行い、
　　　個人番号が一致することによって結果的に同一人物であることを認
　　　識すること自体は利用制限には違反しない。

金融機関が顧客の個人番号を取り扱う事務

　本問は、金融機関が顧客の個人番号を取り扱う事務に関する理解を問うものである。

　なお、金融機関が金融業務に関連して顧客の個人番号を取り扱う事務において、特定個人情報の適正な取扱いを確保するための具体的な指針を定めたものとして、「（別冊）金融業務における特定個人情報の適正な取扱いに関するガイドライン」がある。

ア適　切。本記述のとおりである。

イ不適切。激甚災害時等に金銭の支払を行うために個人番号を利用することは、番号法の認めた例外であり、個人番号関係事務又は個人番号利用事務のどちらにも該当しないため、当該事務を利用目的として特定し、個人番号の提供を受けることはできない。

ウ適　切。本記述のとおりである。

エ適　切。本記述のとおりである。

解答：イ

問題100. 金融機関が顧客の個人番号を取り扱う事務に関する以下のアから
エまでの記述のうち、最も<u>適切な</u>ものを１つ選びなさい。

ア．金融機関甲が、金融機関乙の事業を承継し、支払調書作成事務等の
ために乙が保有していた乙の顧客の個人番号を承継した場合、本人
の同意があれば、当該顧客の個人番号を当該顧客に関する支払調書
作成事務等以外であっても利用することができる。

イ．先物取引の差金等決済に伴う支払調書の作成事務の場合は、所得税
法及び同法施行令の規定により差金等決済をする日までに、その都
度、個人番号の告知を求めなければならず、先物取引等の委託に係
る契約の締結時点で個人番号の提供を求めることは認められていな
い。

ウ．国外送金等調書法の規定に従って個人番号が記載された告知書の
提供を受けることは個人番号関係事務に該当するが、送金金額が
国外送金等調書法の定める一定の金額以下になり、支払調書の提
出が不要となる場合には、個人番号が記載された告知書の提供を
受けることはできない。

エ．個人番号カードは、犯罪収益移転防止法に基づく本人確認書類とし
て用いることはできるが、犯罪収益移転防止法上の取引時確認記録
に、本人確認書類を特定するに足りる事項として個人番号を記録す
ることはできない。

金融機関が顧客の個人番号を取り扱う事務

本問は、金融機関が顧客の個人番号を取り扱う事務に関する理解を問
うものである。

なお、金融機関が金融業務に関連して顧客の個人番号を取り扱う事務
において、特定個人情報の適正な取扱いを確保するための具体的な指針
を定めたものとして、「（別冊）金融業務における特定個人情報の適正
な取扱いに関するガイドライン」がある。

ア不適切。金融機関甲が、金融機関乙の事業を承継し、支払調書作成事
務等のために乙が保有していた乙の顧客の個人番号を承継し

た場合、当該顧客の個人番号を当該顧客に関する支払調書作成事務等の範囲で利用することができる。もっとも、本人の同意があったとしても、承継前に特定されていた利用目的を超えて特定個人情報を利用してはならない。よって、支払調書作成事務等以外では利用することはできない。

イ不適切。先物取引の差金等決済に伴う支払調書の作成事務の場合は、所得税法224条の5第1項及び同法施行令350条の3第1項の規定により差金等決済をする日までに、その都度、個人番号の告知を求めることが原則であるが、先物取引等の委託に係る契約の締結時点で個人番号の提供を求めることも可能であると解される。

ウ不適切。国外送金等調書法（内国税の適正な課税の確保を図るための国外送金等に係る調書の提出等に関する法律）では、送金金額が同法の定める一定の金額以下の場合に支払調書の提出は不要となっているが、個人番号が記載された告知書の提出については、送金金額による提出省略基準はない。国外送金等調書法の規定に従って個人番号が記載された告知書の提供を受けることは個人番号関係事務に該当する。よって、支払調書の提出が不要となる場合であっても、番号法19条3号の規定により、国外送金等調書法の規定に従って個人番号が記載された告知書の提供を受けることができる。

エ適　切。本記述のとおりである。

解答：エ

問題101.　金融機関が顧客の個人番号を取り扱う事務に関する以下のアから
　　　　　エまでの記述のうち、最も<u>適切ではない</u>ものを１つ選びなさい。

ア．金融機関が顧客から個人番号の提供を受けるに当たり、利用目的を
　　特定して本人への通知等を行う方法としては、個人情報の取得の際
　　と同様、利用目的を記載した書類の提示等の方法がある。

イ．金融機関は、利用目的を特定し、本人への通知等を行ったとしても、
　　その顧客の管理のために、個人番号を顧客番号として利用すること
　　はできない。

ウ．金融機関は、激甚災害時等に顧客に対して金銭の支払いを行う場合
　　においても、支払調書作成のために保有している個人番号を、顧客
　　の預金情報等の検索に利用することはできない。

エ．金融機関が、顧客を管理するために付している顧客番号等（当該
　　顧客の個人番号を一定の法則に従って変換したものではないもの）
　　は、「個人番号」には該当しない。

金融機関が顧客の個人番号を取り扱う事務

　本問は、金融機関が顧客の個人番号を取り扱う事務に関する理解を問うものである。

ア適　切。 金融機関は、顧客から個人番号の提供を受けるに当たって、利用目的を特定して本人への通知等を行う方法としては、個人情報の取得の際と同様、利用目的を記載した書類の提示等の方法とされている。

イ適　切。 金融機関は、本人の同意があったとしても、例外として認められる場合（番号法9条5項、同法30条2項により読み替えて適用される個人情報保護法18条3項1号、番号法施行令10条及び番号法30条2項により読み替えて適用される個人情報保護法18条3項第2号）を除き、これらの事務以外で個人番号を利用してはならない。したがって、顧客の管理のために、個人番号を顧客番号として利用することはできない。

ウ不適切。 金融機関は、激甚災害時等に顧客に対して金銭の支払いを行う場合においも、支払調書作成のために保管している個人番号を、顧客の預金情報等の検索に利用することができる。

エ適　切。 「個人番号」には、個人番号に対応して、当該個人番号に代わって用いられる 番号等も含まれる（法2条8項）。もっとも、金融機関が、顧客を管理するために付している顧客番号等（当該顧客の個人番号を一定の法則に従って変換したものではないもの）は、「個人番号」には該当しない。

解答：ウ

問題102.　金融機関が顧客の個人番号を取り扱う事務に関する以下のアから
　　　　　エまでの記述のうち、最も<u>適切ではない</u>ものを1つ選びなさい。

ア.　個人番号関係事務を委託する場合において、委託元である金融機関
　　　は、あらかじめ、委託先において番号法に基づく安全管理措置が講
　　　じられるか否かを確認しなければならないが、当該委託先が講ずべ
　　　き措置の程度は、当該金融機関が番号法に基づき自らが果たすべき
　　　内容と同程度に達している必要はない。

イ.　委託元である金融機関が委託先に講ずべき「必要かつ適切な監督」
　　　の具体的内容は、①委託先の適切な選定、②委託先に安全管理措置
　　　を遵守させるために必要な契約の締結、③委託先における特定個人
　　　情報の取扱状況の把握の3つである。

ウ.　金融機関が、個人番号関係事務について、委託先と委託契約を締結
　　　するに当たっては、特定個人情報を取り扱う従業者の明確化及び委
　　　託先に対して実地の調査を行うことができる規定等を盛り込むこと
　　　が望ましいとされている。

エ.　委託契約の内容の一つとして、委託先における従業者に対する監
　　　督・教育について定める必要がある。この「従業者」とは、金融
　　　機関の組織内にあって直接間接に金融機関の指揮監督を受けて金
　　　融機関の業務に従事している者をいう。

金融機関が顧客の個人番号を取り扱う事務

　本問は、金融機関が顧客の個人番号を取り扱う事務に関する理解を問うものである。

ア不適切。個人番号利用事務等の全部又は一部の委託をする者は、当該委託に係る個人番号利用事務等において取り扱う特定個人情報の安全管理が図られるよう、当該委託を受けた者に対する必要かつ適切な監督を行わなければならない（法11条）。そして、委託元である金融機関が委託先を選定するに当たっては、委託先において、番号法に基づき自らが果たすべき安全管理措置と同等の措置が講じられるか否かについて、あらかじめ確認しなければならない。

イ適　切。「必要かつ適切な監督」には、委託先の適切な選定、委託先に安全管理措置を遵守させるために必要な契約の締結及び委託先における特定個人情報の取扱状況の３つが含まれるとされている。

ウ適　切。本記述のとおりである。

エ適　切。委託契約の内容の一つとして、委託先における従業者に対する監督・教育について定める必要がある。この「従業者」とは、金融機関の組織内にあって直接間接に金融機関の指揮監督を受けて金融機関の業務に従事している者をいい、具体的には、従業員のほか、取締役、監査役、理事、監事、派遣社員等を含むとされている。

解答：ア

問題103. 金融機関が顧客の個人番号を取り扱う事務に関する以下のアから
エまでの記述のうち、最も適切ではないものを1つ選びなさい。

ア. 金融機関Aから個人番号関係事務の委託を受けた事業者Bが、更に事
業者Cへ当該事務を委託した場合において、Aは、直接の委託先であ
るBに対してだけでなく、再委託先であるCに対しても、間接的に監
督義務を負う。

イ. 金融機関Dから個人番号関係事務の委託を受けた事業者Eが、番号法
の再委託の規定に違反して、当該事務を事業者Fに再委託した場合、
EだけでなくFも、番号法の各規定に違反したと判断される場合があ
る。

ウ. 個人番号関係事務が、金融機関Gから事業者H、事業者Iへと順次委
託されている場合において、更にIが、事業者Jへ当該事務を委託し
ようとする場合は、Iは、当該委託について、G及びHの許諾を得な
ければならない。

エ. 金融機関Xから個人番号関係事務の委託を受けた事業者Yが、更に
事業者Zへ当該事務を委託する場合においては、YとZ間の委託契約
の内容に、Zが再委託する場合の取扱いや、再委託を行う場合の条
件等を定めることが望ましいとされている。

金融機関が顧客の個人番号を取り扱う事務

　本問は、金融機関が顧客の個人番号を取り扱う事務に関する理解を問
うものである。

ア適　切。個人番号利用事務等の全部又は一部の委託をする者は、当
該委託に係る個人番号利用事務等において取り扱う特定個
人情報の安全管理が図られるよう、当該委託を受けた者に
対する必要かつ適切な監督を行わなければならない（法11
条）。この「委託を受けた者」とは、委託元が直接委託する
事業者を指すが、A→B→Cと順次委託された場合、Bに対す
るAの監督義務の内容には、BからCに対する再委託の適否
だけではなく、BがCに対して必要かつ適切な監督を行って

いるかどうかを監督することも含まれる。このことから、A
は、Bに対する監督義務だけでなく、再委託先であるCに対
しても間接的に監督義務を負うこととなる。

イ適 切。個人番号利用事務等の全部又は一部の委託を受けた者は、当
該個人番号利用事務等の委託をした者の許諾を得た場合に限
り、その全部又は一部の再委託をすることができる（法10条
1項）。これに違反して再委託がなされた場合、「委託を受け
た者」は同法19条（提供制限）にも違反することとなり、更
に、当該再委託を受けた者も同法15条（提供の求めの制限）
及び20条（収集・保管制限）に違反すると判断される可能性
がある。

ウ不適切。個人番号利用事務等の全部又は一部の委託を受けた者は、当
該個人番号利用事務等の委託をした者の許諾を得た場合に限
り、その全部又は一部の再委託をすることができる（法10条
1項）。そして、更に再委託をする場合も、その許諾を得る
相手は、最初の委託元Gであることから、Iは、Gの許諾を得
ればJへ再委託をすることができる。

エ適 切。金融機関Xから個人番号事務の委託を受けた事業者Yが、更
に事業者Zへ当該事務を委託する場合においては、YとZ間
の委託契約の内容に、Zが再委託する場合の取扱いを定め、
再委託を行う場合の条件、再委託した場合の乙に対する通
知義務等を盛り込むことが望ましいとされている。

解答：ウ

問題104.　金融機関が顧客の個人番号を取り扱う事務に関する以下のアから
　　　　　エまでの記述のうち、最も<u>適切ではない</u>ものを１つ選びなさい。

　　ア．金融機関の営業所の担当者が、その取得した顧客の個人番号を、支
　　　　払調書を作成する目的で経理部に提出する場合は、特定個人情報の
　　　　「提供」には当たらない。

　　イ．金融機関は、利用目的を「激甚災害時等に金銭の支払を行う事務」
　　　　と特定して顧客から個人番号の提供を受けることができる。

　　ウ．金融機関が、支払調書の提出という個人番号関係事務を処理するた
　　　　め、税務署長に対し、顧客の個人番号が記載された支払調書を提出
　　　　することは、特定個人情報の「提供」に当たる。

　　エ．金融機関Cから金融機関Dに対する事業承継に伴い、支払調書作成事
　　　　務等のためにCが保有していた顧客の個人番号を承継した場合にお
　　　　ける、当該個人番号の承継は、特定個人情報の「提供」に当たる。

金融機関が顧客の個人番号を取り扱う事務

　本問は、金融機関が顧客の個人番号を取り扱う事務に関する理解を問うものである。

ア適　切。特定個人情報の「提供」とは、法的な人格を超える特定個人情報の移動を意味するものであり、同一法人の内部等の法的な人格を超えない特定個人情報の移動は「提供」ではなく「利用」に当たる。金融機関の営業部の担当者が、その取得した顧客の個人番号を、支払調書を作成する目的で為す経理部への提出は、同じ法人格内の内部的な情報の移動に過ぎないから、特定個人情報の「提供」ではなく「利用」に当たる。

イ不適切。激甚災害時等に金銭の支払を行うために個人番号を利用することは、番号法の認めた例外であり、個人番号関係事務又は個人番号利用事務のどちらにも該当しないため、当該事務を利用目的として特定し、個人番号の提供を受けることはできない。

ウ適　切。個人番号関係事務実施者である金融機関は、個人番号関係事務を処理するために、法令に基づき、税務署長等に特定個人情報を提供する（法19条2号）。したがって、金融機関が、所得税法225条1項の規定に従い、支払調書の提出という個人番号関係事務を処理するため、税務署長に対して顧客の個人番号が記載された支払調書を提出することは、特定個人情報の「提供」に当たる。

エ適　切。金融機関間の合併その他の事由による事業の承継に伴う顧客の個人番号の承継は、特定個人情報の「提供」に当たる。（法19条6号）

解答：イ

問題105. 生命保険契約に関連して顧客の個人番号を取り扱う事務に関する以下のアからエまでの記述のうち、最も<u>適切ではない</u>ものを1つ選びなさい。

ア. 生命保険契約に基づく保険金等の支払に伴う支払調書の作成事務の場合、保険契約の締結時点で保険契約者等及び保険金等受取人の個人番号の提供を求めることができる。

イ. 複数の損害保険会社・生命保険会社の商品を販売している保険代理店は、複数の保険会社を連名にして同一の機会に個人番号の提供を受けることができ、個人番号の利用・保管を保険会社ごとに別個では行わずに共同ですることができる。

ウ. 生命保険会社と損害保険会社にまたがる保険商品の場合、一方の保険会社が他方の保険会社から委託を受ければ、当該保険会社が他方の保険会社を代理して個人番号の提供を受けることができる。

エ. 保険会社および保険契約者は、同一の保険契約を2回締結する場合において、前の保険契約を締結した際に保険金支払に関する支払調書作成事務のために提供を受けた個人番号については、後の保険契約に基づく保険金支払に関する支払調書作成事務のために利用することができる。

生命保険契約に関連して顧客の個人番号を取り扱う事務

　本問は、生命保険契約に関連して顧客の個人番号を取り扱う事務に関する理解を問うものである。

　なお、金融機関が金融業務に関連して顧客の個人番号を取り扱う事務において、特定個人情報の適正な取扱いを確保するための具体的な指針を定めたものとして、「（別冊）金融業務における特定個人情報の適正な取扱いに関するガイドライン」がある。

ア適　切。本記述のとおりである。

イ不適切。複数の保険会社が同一の保険代理店を通じて同一の機会に個人番号の提供を受けることはあり得るが、保険代理店は、あくまでも各保険会社の代理店として契約ごとに別個に個人番号の提供を受けることとなる。したがって、個人番号の利用・保管は保険会社ごとに別個に行うこととなり、共同で利用することはできない。

ウ適　切。本記述のとおりである。

エ適　切。本記述のとおりである。

解答：イ

問題106. 生命保険契約に関連して顧客の個人番号を取り扱う事務に関する
以下のアからエまでの記述のうち、最も<u>適切ではない</u>ものを１つ
選びなさい。

ア．生命保険会社又は損害保険会社と同様の業務を行う共済団体は、災
害対策基本法の規定により一定の区域への立入りの制限等を命ぜら
れた際、個人番号関係事務を処理する目的で保有している個人番号
について、顧客に対する金銭の支払を行うという目的のために利用
することができる。

イ．生命保険会社は、顧客と保険契約を締結した際に保険金支払に関す
る支払調書作成事務のために提供を受けた個人番号を、その後に同
顧客と締結した保険契約に基づく保険金支払に関する支払調書作成
事務のために利用することはできない。

ウ．保険会社は、保険契約の締結時点において、生命保険契約に基づく
保険金等の支払に伴う支払調書の作成事務のため、保険契約者及び
保険金受取人の個人番号の提供を求めることができる。

エ．保険会社から個人番号関係事務を受けて個人番号を取り扱う代理
店は、委託契約に基づいて個人番号を保管する必要がある場合を
除き、できるだけ速やかに顧客の個人番号が記載された書類等を
保険会社に受け渡さなければならない。

生命保険契約に関連して顧客の個人番号を取り扱う事務

　本問は、生命保険契約に関連して顧客の個人番号を取り扱う事務に関する理解を問うものである。

ア 適　切。生命保険会社、損害保険会社及び生命保険会社又は損害保険会社と同様の業務を行う共済団体等は、災害対策基本法63条1項その他内閣府令で定める法令の規定により一定の区域への立入りを制限、禁止され、若しくは当該 区域からの退去を命ぜられたときに、支払調書の作成等の個人番号関係事 務を処理する目的で保有している個人番号について、顧客に対する金銭の支払を行うという別の目的のために、顧客の預金情報等の検索に利用することができる。（番号法9条5項、同法30条2項により読み替えて適用される個人情報保護法18条3項1号、番号法施行令10条、激甚災害が発生したとき等においてあらかじめ締結した契約に基づく金銭の支払を行うために必要な限度で 行う個人番号の利用に関する内閣府令（平成27年内閣府令第74号））

イ 不適切。個人情報取扱事業者は、あらかじめ本人の同意を得ないで、前条の規定により特 定された利用目的の達成に必要な範囲を超えて、特定個人情報を取り扱ってはならない（番号法30条2項により読み替えて適用される個人情報保護法18条1項）。本記述にある両契約は、同じ保険金支払に関する支払調書作成事務のために利用するものであるから、生命保険会社は、従前の保険契約を締結した際に顧客から提供を受けた個人番号について、その後に同顧客と締結した保険契約に基づく同事務のために利用することができる。

ウ 適　切。個人番号関係事務実施者は、個人番号関係事務が発生した時点で個人番号の提供を求めることが原則である。もっとも、顧客との法律関係等に基づき、個人番号関係事務の発生が予想される場合には、契約を締結した時点等の当該事務の発生が予想できた時点で個人番号の提供を求めることが可能とされている。このことから、保険会社は、保険契約の締結時点において、生命保険契約に基づく保険金等の支払に伴う支払

調書の作成事務のため、保険契約者及び保険金受取人の個人番号の提供を求めることができると解されている。

エ適　切。何人も、19条各号のいずれかに該当する場合を除き、特定個人情報（他人の個人番号を含むものに限る。）を収集し、又は保管してはならない（法20条）。従って、保険会社から個人番号関係事務の委託を受けて個人番号を取り扱う代理店は、委託契約に基づいて個人番号を保管する必要がある場合を除き、できるだけ速やかに顧客の個人番号が記載された書類等を保険会社に受け渡さなければならず、当該代理店の中に個人番号を残してはならない。

解答：イ

問題107. 相続税及び贈与税の申告書における個人番号の記載の要否に関する以下のアからエまでの記述のうち、最も<u>適切な</u>ものを１つ選びなさい。

ア．相続などにより財産を取得した者が相続税の申告書を提出する場合、相続税の申告書には、申告する者（相続などにより財産を取得した者）の個人番号の記載は不要である。

イ．相続などにより財産を取得した者が相続税の申告書を提出する場合、相続税の申告書には、被相続人（亡くなった者）の個人番号の記載は不要である。

ウ．贈与により財産を取得した者が贈与税の申告書を提出する場合、贈与税の申告書には、贈与者（財産の贈与をした者）の個人番号の記載が必要である。

エ．贈与により財産を取得した者が贈与税の申告書を提出する場合、贈与税の申告書には、申告する者（財産の贈与を受けた者）の個人番号の記載は不要である。

相続税・贈与税の申告書における個人番号の記載の要否

　本問は、相続税及び贈与税の申告書における個人番号の記載の要否に関する理解を問うものである。

ア不適切。相続などにより財産を取得した者が相続税の申告書を提出する場合、相続税の申告書には、被相続人（亡くなった者）の個人番号の記載は不要であるが、申告する者（相続などにより財産を取得した者）の個人番号の記載は必要である。

イ適　切。相続などにより財産を取得した者が相続税の申告書を提出する場合、相続税の申告書には、被相続人（亡くなった者）の個人番号の記載は不要である。従前は、相続税の申告書において被相続人（亡くなった者）の個人番号を記載する必要があったが、平成28年1月以降に相続・遺贈により取得する財産に係る相続税の申告書（平成28年10月以降に提出するもの）については、申告書に被相続人（亡くなった者）の個人番号の記載は不要となっている。

ウ不適切。贈与により財産を取得した者が贈与税の申告書を提出する場合、贈与税の申告書には、申告する者（財産の贈与を受けた者）の個人番号の記載は必要であるが、贈与者（財産の贈与をした者）の個人番号の記載は不要である。

エ不適切。贈与により財産を取得した者が贈与税の申告書を提出する場合、贈与税の申告書には、贈与者（財産の贈与をした者）の個人番号の記載は不要であるが、申告する者（財産の贈与を受けた者）の個人番号の記載は必要である。

解答：イ

問題108. 「（別冊）金融業務における特定個人情報の適正な取扱いに関する
ガイドライン」に関する以下のアからエまでの記述のうち、最も
適切ではないものを１つ選びなさい。

ア．金融機関は、支払調書作成事務等を処理する目的で、顧客の個人番
号を保管することができる。一方、法令で定められた支払調書作成
事務等を処理する場合を除き、顧客の個人番号を保管することはで
きない。

イ．支払調書作成事務のために提供を受けた特定個人情報を電磁的記録
として保存している場合においても、その事務に用いる必要がなく、
所管法令で定められている保存期間を経過した場合には、原則とし
て、個人番号をできるだけ速やかに廃棄又は削除しなければならな
い。

ウ．特定個人情報を保存するシステムにおいては、保存期間経過後にお
ける廃棄又は削除を前提としたシステムを構築することが望ましい。

エ．金融機関には、特定個人情報保護評価の実施が義務付けられている。

金融業務における特定個人情報の適正な取扱いに関するガイドライン

本問は、「（別冊）金融業務における特定個人情報の適正な取扱いに関
するガイドライン」に関する理解を問うものである。

ア適　切。本記述のとおりである。

イ適　切。本記述のとおりである。

ウ適　切。本記述のとおりである。

エ不適切。金融機関は、特定個人情報保護評価の実施が義務付けられて
いないが、任意に特定個人情報保護評価の手法を活用するこ
とは、特定個人情報の保護の観点から有益である。

解答：エ

問題109. 「(別冊) 金融業務における特定個人情報の適正な取扱いに関する
ガイドライン」に関する以下のアからエまでの記述のうち、最も
<u>適切ではない</u>ものを１つ選びなさい。

ア. 特定口座、非課税口座等、毎年取引報告書の提出が義務付けられて
いる場合には、顧客から提供を受けた個人番号を取引報告書作成事
務のために翌年度以降も継続的に利用する必要があることから、特
定個人情報を継続的に保管することができる。

イ. 個人番号が記載された特定口座開設届出書は、租税特別措置法施行
規則の規定により、当該届出書に係る特定口座につき特定口座廃止
届出書等の提出があった日の属する年の翌年から７年間保存しなけ
ればならない。

ウ. 特定口座開設届出書は、租税特別措置法施行規則で規定された期間
を経過した場合には、当該特定口座開設届出書に記載された個人番
号を保管しておく必要はなく、原則として、個人番号が記載された
特定口座開設届出書をできるだけ速やかに廃棄しなければならない。

エ. 個人番号が記載された特定口座開設届出書等の書類については、保
存期間経過後における廃棄を前提とした保管体制をとることが望ま
しい。

金融業務における特定個人情報の適正な取扱いに関するガイドライン

　本問は、「(別冊) 金融業務における特定個人情報の適正な取扱いに関するガイドライン」に関する理解を問うものである。

ア適　切。本記述のとおりである。

イ不適切。特定口座開設届出書は、租税特別措置法施行規則の規定 (18条の13の4第1項3号) により、当該届出書に係る特定口座につき特定口座廃止届出書等の提出があった日の属する年の翌年から**5年間**保存することとなっており、個人番号が記載された特定口座開設届出書も同様である。

ウ適　切。本記述のとおりである。

エ適　切。本記述のとおりである。

解答：イ

問題110. 「(別冊) 金融業務における特定個人情報の適正な取扱いに関する
ガイドライン」に関する以下のアからエまでの記述のうち、最も
適切ではないものを1つ選びなさい。

ア. 金融機関は、法令で定められた支払調書作成事務等を処理する場合
を除き、顧客の個人番号を保管することはできない。

イ. 金融機関は、支払調書作成事務のために提供を受けた特定個人情報
を電磁的記録として保存している場合においても、その事務に用い
る必要がなく、所管法令で定められている保存期間を経過した場合
には、原則として、個人番号をできるだけ速やかに廃棄又は削除し
なければならない。

ウ. 金融機関は、特定個人情報を保存するシステムにおいては、保存期
間経過後における廃棄又は削除を前提としたシステムを構築するこ
とが望ましい。

エ. 金融機関には、特定個人情報保護評価の実施が義務付けられている。

金融業務における特定個人情報の適正な取扱いに関するガイドライン

本問は、「(別冊) 金融業務における特定個人情報の適正な取扱いに関
するガイドライン」に関する理解を問うものである。

ア適 切。本記述のとおりである。

イ適 切。本記述のとおりである。

ウ適 切。本記述のとおりである。

エ不適切。金融機関は、特定個人情報保護評価の実施が義務付けられて
いないが、任意に特定個人情報保護評価の手法を活用するこ
とは、特定個人情報の保護の観点から有益である。

解答：エ

問題111. 証券会社等が顧客の個人番号を取り扱う事務に関する以下のアか
らエまでの記述のうち、最も<u>適切ではない</u>ものを１つ選びなさい。

ア．株式等振替制度において、株式発行者から株主名簿に関する事務の
委託を受けた株主名簿管理人（信託銀行等）は、振替機関に対して、
株主の個人番号の提供を求めることとなる。

イ．特定口座に係る所得計算等に伴う特定口座年間取引報告書の作成事
務の場合は、租税特別措置法の規定により顧客は「特定口座開設届
出書」を提出する時点で個人番号を告知する義務があるため、その
時点で提供を求めることとなる。

ウ．特定口座開設届出書は、租税特別措置法施行規則により、一定期間
保存することとなっているが、当該期間を経過した場合であっても、
今後の取引のため、当該特定口座開設届出書に記載された個人番号
を保管しておく必要がある。

エ．株式や投資信託の取引を行うために口座を開設する場合において、
開設する口座が特定口座ではなく、いわゆる「一般口座」（証券口
座・投資信託口座）の場合、金融機関は、その口座開設時点で個人
番号の提供を求めることができる。

証券会社等が顧客の個人番号を取り扱う事務

　本問は、証券会社等が顧客の個人番号を取り扱う事務に関する理解を問うものである。

　なお、金融機関が金融業務に関連して顧客の個人番号を取り扱う事務において、特定個人情報の適正な取扱いを確保するための具体的な指針を定めたものとして、「（別冊）金融業務における特定個人情報の適正な取扱いに関するガイドライン」がある。

ア適　切。本記述のとおりである。

イ適　切。本記述のとおりである。

ウ不適切。特定口座開設届出書は、租税特別措置法施行規則18条の13の4第1項3号により、当該届出書に係る特定口座につき特定口座廃止届出書等の提出があった日の属する年の翌年から5年間保存することとなっていることから、当該期間を経過した場合には、当該特定口座開設届出書に記載された個人番号を保管しておく必要はなく、原則として、個人番号が記載された特定口座開設届出書をできるだけ速やかに廃棄しなければならない。

　なお、そのため、個人番号が記載された特定口座開設届出書等の書類については、保存期間経過後における廃棄を前提とした保管体制をとることが望ましい。

エ適　切。本記述のとおりである。

解答：ウ

問題112. 各種申告書における個人番号の記載の要否に関する以下のアから
エまでの記述のうち、最も<u>適切な</u>ものを１つ選びなさい。

ア．相続などにより財産を取得した者が相続税の申告書を提出する場合、
相続税の申告書には、相続人の個人番号の記載は不要である。

イ．相続などにより財産を取得した者が相続税の申告書を提出する場合、
相続税の申告書には、被相続人（亡くなった者）の個人番号の記載
は不要である。

ウ．贈与により財産を取得した者が贈与税の申告書を提出する場合、贈
与税の申告書には、贈与者の個人番号の記載が必要である。

エ．贈与により財産を取得した者が贈与税の申告書を提出する場合、贈
与税の申告書には、申告する者（財産の贈与を受けた者）の個人番
号の記載は不要である。

各種申告書における個人番号の記載の要否

　本問は、各種申告書における個人番号の記載の要否に関する理解を問うものである。

ア不適切。相続などにより財産を取得した者が相続税の申告書を提出する場合、相続税の申告書には、被相続人（亡くなった者）の個人番号の記載は不要であるが、相続人の個人番号の記載は必要である。

イ適　切。本記述のとおりである。

ウ不適切。贈与により財産を取得した者が贈与税の申告書を提出する場合、贈与税の申告書には、申告する者（財産の贈与を受けた者）の個人番号の記載は必要であるが、贈与者の個人番号の記載は不要である。従って、本記述は誤っている。

エ不適切。贈与により財産を取得した者が贈与税の申告書を提出する場合、贈与税の申告書には、贈与者の個人番号の記載は不要であるが、申告する者（財産の贈与を受けた者）の個人番号の記載は必要である。

解答：イ

問題113.　次の表は、内閣官房・内閣府・国税庁によるリーフレットの一部
　　　　　をまとめたものである。以下のアからエまでのうち、表中の
　　　　　（　　）に入る最も<u>適切な</u>語句の組合せを１つ選びなさい。

個人が不動産を売却又は賃貸している場合で、以下の条件に該当する
場合には、取引先（　a　）への個人番号の提供が必要となる。ま
た、個人番号の提供を受ける（a）は、個人番号を提供する者の本人
確認（番号確認と身元確認）を行う必要がある。

取　引	取引先（a）	条　件
個人が不動産を売却している場合	法人又は不動産業者である個人（注）	同一の取引先からの売買代金の金額の合計が、年間（　b　）を超える場合
個人が不動産を賃貸している場合	法人又は不動産業者である個人（注）	同一の取引先からの家賃・地代などの金額の合計が、年間（　c　）を超える場合

（注）主として建物の賃貸借の代理や仲介を目的とする事業を営んでい
　　　る個人を除く

ア．a．買主又は借主　　　　b．100万円　　　　c．15万円

イ．a．買主又は借主　　　　b．50万円　　　　c．10万円

ウ．a．売主又は貸主　　　　b．50万円　　　　c．15万円

エ．a．売主又は貸主　　　　b．100万円　　　　c．10万円

不動産の売主・貸主の個人番号の提供

　本問は、不動産の売主・貸主の個人番号の提供（内閣官房・内閣府・国税庁によるリーフレット「不動産の売主・貸主のみなさまへ」（2018年11月作成））に関する理解を問うものである。

取　引	取引先（**買主又は借主**）	条　件

個人が不動産を売却又は賃貸している場合で、以上の条件に該当する場合には、取引先（**買主又は借主**）への個人番号の提供が必要となる。また、個人番号の提供を受ける**買主又は借主**は、個人番号を提供する者の本人確認（番号確認と身元確認）を行う必要がある。

取　引	取引先（**買主又は借主**）	条　件
個人が不動産を売却している場合	法人又は不動産業者である個人（注）	同一の取引先からの売買代金の金額の合計が、年間**100万円**を超える場合
個人が不動産を賃貸している場合	法人又は不動産業者である個人（注）	同一の取引先からの家賃・地代などの金額の合計が、年間**15万円**を超える場合

（注）主として建物の賃貸借の代理や仲介を目的とする事業を営んでいる個人を除く

　取引先は、収集した個人番号を「不動産等の譲受けの対価の支払調書」や「不動産の使用料等の支払調書」などの法定調書に記載し、税務署長に提出しなければならない（取引先は、所得税法等により、法定調書に不動産の売主又は貸主の個人番号を記載することが義務付けられている。）。

　個人番号の提供を受ける買主又は借主は、売主又は貸主の本人確認（番号確認と身元確認）を行う必要がある。

　以上により、a「買主又は借主」、b「100万円」、c「15万円」が入り、従って、正解は肢アとなる。

解答：ア

問題114.　次の表は、内閣官房・内閣府・国税庁によるリーフレットの一部
　　　　　をまとめたものである。以下のアからエまでのうち、表中の
　　　　　（　　　）に入る<u>適切な</u>ものの組合せを1つ選びなさい。

個人が契約先から報酬などを受け取る場合で、一定の条件（※）に該当する場合には、契約先（契約先企業、講演等の主催企業など）への個人番号の提供が必要である。

契約先は、収集した個人番号を「報酬、料金、契約金及び賞金の支払調書」などの法定調書に記載し、（　a　）に提出しなければならない。

　※一定の条件とは、契約先が同一人に支払う報酬などの支払金額が、以下の表の「区分」に応じて、「支払調書の提出範囲」に該当する場合をいう。

区　分	支払調書の提出範囲
①外交員、集金人、電力量計の検針人及びプロボクサーの報酬、料金	その年中の支払金額の合計が（　b　）を超えるもの
②バー、キャバレー等のホステス、コンパニオン等の報酬、料金	
③広告宣伝のための賞金	
④社会保険診療報酬支払基金が支払う診療報酬	（略）
⑤馬主が受ける競馬の賞金	（略）
⑥プロ野球の選手などが受ける報酬及び契約金	その年中の支払金額の合計が（　c　）を超えるもの
⑦　①〜⑥以外の報酬、料金等	

ア．a．市町村長　　　b．100万円　　　c．10万円

イ．a．市町村長　　　b．50万円　　　c．5万円

ウ．a．税務署　　　　b．100万円　　　c．10万円

エ．a．税務署　　　　b．50万円　　　c．5万円

契約先への個人番号の提供

　本問は、内閣官房・内閣府・国税庁による『契約先から報酬などを受け取る方は契約先へマイナンバーの提供が必要です』（平成29年12月作成））に関する理解を問うものである。

個人が契約先から報酬などを受け取る場合で、一定の条件（※）に該当する場合には、契約先（契約先企業、講演等の主催企業など）への個人番号の提供が必要である。

契約先は、収集した個人番号を「報酬、料金、契約金及び賞金の支払調書」などの法定調書に記載し、**税務署**に提出しなければならない。

　※一定の条件とは、契約先が同一人に支払う報酬などの支払金額が、以下の表の「区分」に応じて、「支払調書の提出範囲」に該当する場合をいう。

区　分	支払調書の提出範囲
①外交員、集金人、電力量計の検針人及びプロボクサーの報酬、料金	その年中の支払金額の合計が**50万円**を超えるもの
②バー、キャバレー等のホステス、コンパニオン等の報酬、料金	
③広告宣伝のための賞金	
④社会保険診療報酬支払基金が支払う診療報酬	（略）
⑤馬主が受ける競馬の賞金	（略）
⑥プロ野球の選手などが受ける報酬及び契約金	その年中の支払金額の合計が**5万円**を超えるもの
⑦ ①〜⑥以外の報酬、料金等	

　以上により、a「税務署」、b「50万円」、c「5万円」が入る。よって、正解は肢エとなる。

解答：エ

問題115. 個人番号カード等の有効期限に関する以下のアからエまでの記述
のうち、最も<u>適切な</u>ものを１つ選びなさい。

ア. 個人番号カードを令和４年４月２日に交付申請した19歳の者の個人
番号カードは、当該カード発行の日からその者の10回目の誕生日ま
で有効である。

イ. 個人番号カードを令和４年４月２日に交付申請した19歳の者の個人
番号カードに搭載される利用者証明用電子証明書は、当該カード発
行の日からその者の10回目の誕生日まで有効である。

ウ. 個人番号カードを令和４年４月２日に交付申請した19歳の者の個人
番号カードに搭載される署名用電子証明書は、当該カード発行の日
からその者の10回目の誕生日まで有効である。

エ. 個人番号カードの交付を受けている者には、個人番号カードの有効
期限の半年前を目途に有効期限通知書が送付される。

個人番号カード等の有効期限

本問は、個人番号カード等の有効期限に関する理解を問うものである。

ア適　切。令和4年4月1日の民法改正に伴い、成人年齢が18歳に引き下げられた。そのため、令和4年3月31日までに交付申請した19歳の者は、当該カード発行の日からその者の5回目の誕生日までが有効期限であるが、令和4年4月1日以降の場合は10回目の誕生日まで有効である。

イ不適切。利用者証明用電子証明書の有効期限は、年齢に関係なく、当該カード発行の日からその者の5回目の誕生日までである。

ウ不適切。署名用電子証明書は、15歳以上の者に搭載され、年齢に関係なく、当該カード発行の日からその者の5回目の誕生日までである。

エ不適切。有効期限通知書の送付の目途は、個人番号カードの有効期限の2～3か月前である。

解答：ア

問題116. 個人番号カードの利活用に関する以下のアからエまでの記述のうち、最も適切ではないものを1つ選びなさい。

ア. 個人番号カードの空き領域にカードアプリケーションを搭載することにより、民間事業者で入退室管理に活用している事例がある。

イ. 個人番号カードを利用した「マイナポイント事業」とは、マイナポイント申込時に選択した決済サービスを使い、キャッシュレスでチャージしたり買い物をしたりした場合にマイナポイントを付与するというものである。

ウ. 公的決済サービスとは、インターネット上で申請や届出を行う際に、他人による「なりすまし」や「改ざん」を防ぐために用いられる本人確認の手段で、個人番号カードのICチップに電子証明書を記録することで利用が可能になる。

エ. コンビニ交付とは、個人番号カードを利用して市区町村が発行する証明書（住民票の写し、印鑑登録証明書等）がコンビニエンスストア等のキオスク端末（マルチコピー機）から取得できるサービスのことである。

個人番号カードの利活用

個人番号カードの利用箇所には、大きく分けて、(1)カード券面による利用（個人番号）、(2)ICチップの空き領域の利用、(3)電子証明書の利用（署名用電子証明書、利用者証明用電子証明書）がある。本問は、この個人番号カードに関する理解を問うものである。

ア適　切。本記述のとおりである。

イ適　切。本記述のとおりである。

ウ不適切。公的個人認証サービスとは、インターネット上で申請や届出を行う際に、他人による「なりすまし」や「改ざん」を防ぐために用いられる本人確認の手段で、個人番号カードのICチップに電子証明書を記録することで利用が可能になる。
なお、公金決済サービスは、マイナポータルで利用できるサービスの一つで、ネットバンキング（ペイジー）やクレジットカードで、税金等の公金の決済ができる。

エ適　切。本記述のとおりである。

解答：ウ

問題117. マイナポータルに関する以下のアからエまでの記述のうち、最も<u>適切ではないもの</u>を1つ選びなさい。

ア. マイナポータルでは、本人同意のもと医療関係者及び保険者に特定健診情報・後期高齢者健診情報・薬剤情報が提供された状況・履歴を確認することができる。

イ. マイナポータルでは、個人番号カードを持っていて、代理人の設定を行えば、誰でも代理人となることができ、本人に代わってマイナポータルの各種サービスを利用することができるが、マイナポータルで設定した代理人が本人に代わって国民年金に関する申請を行うことはできない。

ウ. マイナポータルでは、行政機関等が保有する自己の特定個人情報について確認することはできないが、自己の特定個人情報についての行政機関等相互の情報の授受に関する記録について確認することができる。

エ. マイナポータルでは、署名用電子証明書、利用者証明用電子証明書、券面事項入力補助用の3種類のパスワードを変更することができる。

マイナポータル

　番号法附則6条3項において、マイナポータルは「情報提供等記録開示システム」として規定されている。本問は、このマイナポータルに関する理解を問うものである。

ア適　切。本記述のとおりである。

イ適　切。マイナポータルでは、個人番号カードを持っていて、代理人の設定を行えば、誰でも代理人となることができ、本人に代わってマイナポータルの各種サービスを利用することができる。ただし、国民年金に関する申請を代理人が行うことはできず、本人が自身のマイナンバーカードを使ってログインし、申請をする必要がある。

ウ不適切。マイナポータルでは、自己の特定個人情報についての行政機関等相互の情報の授受に関する記録について確認することができ、また、「わたしの情報」において、行政機関等が保有する自己の特定個人情報について確認することができる。（法附則6条3項・4項1号参照）

エ適　切。マイナポータルでは、マイナンバーカードに記録されている4種類のパスワードのうち、署名用電子証明書、利用者証明用電子証明書、券面事項入力補助用の3種類のパスワードを変更することができる。

解答：ウ

問題118. マイナポータル等に関する以下のアからエまでの記述のうち、最も<u>適切ではない</u>ものを1つ選びなさい。

ア. 番号法の附則において、マイナポータルは「情報提供等記録開示システム」として規定されている。

イ. マイナポータルの「もっとつながる」では、外部サイトを登録することで、マイナポータルから外部サイトへのログインが可能となり、代表的なサイトとして、e-Tax、ねんきんネットが挙げられる。

ウ. マイナポータルの一部のサービスについては、本人に代わって代理人が使用することができる。

エ. マイナポータルでは、個人番号カードの電子証明書等のパスワードを変更することができない。

マイナポータル等

　番号法附則6条3項において、マイナポータルは「情報提供等記録開示システム」として規定されている。本問は、このマイナポータルに関する理解を問うものである。

ア適　切。本記述のとおりである。

イ適　切。本記述のとおりである。

ウ適　切。本記述のとおりである。

エ不適切。マイナンバーカードのパスワードのうち、利用者証明用電子証明書、署名用電子証明書、券面事項入力補助用の3種類について変更することができる。

解答：エ

問題119. いわゆるデジタル手続法（番号法及び公的個人認証法などの改正を含む。本問において、以下「改正法」という。）が2019年5月に成立・公布された。この改正法に関する以下のアからエまでの記述のうち、最も適切ではないものを1つ選びなさい。

ア．この改正法により、国外転出者にも個人番号カードの発行がなされることになった。

イ．この改正法により、個人番号カードの電子証明書のうち、署名用電子証明書の利用方法が拡大することになった。

ウ．この改正法により、通知カードと記載事項変更等の手続きが廃止された。

エ．この改正法により、罹災証明書の交付事務等が個人番号利用事務に追加されることになり、また、社会保障分野の事務の処理のために、情報連携の対象の事務や情報が追加されることになった。

| デジタル社会の形成を図るための関係法律の整備に関する法律 |

いわゆる「デジタル手続法」が2019年（令和元年）5月31日に公布され、これにより番号法及び公的個人認証法などが改正された。本問は、この改正法に関する理解を問うものである。

ア適　切。本記述のとおりである。

イ不適切。署名用電子証明書ではなく、利用者証明用電子証明書の利用方法が拡大されることになった。

ウ適　切。本記述のとおりである。

エ適　切。本記述のとおりである。

解答：イ

問題120.　「デジタル社会の形成を図るための関係法律の整備に関する法律」
　　　　　は、デジタル社会形成基本法に基づきデジタル社会の形成に関する
　　　　　施策を実施するため、個人情報保護法、番号法等の関係法律につい
　　　　　て所要の整備を行うものとしている。この法律において、令和3年
　　　　　9月1日に<u>施行された</u>ものを以下のアからエまでのうちから1つ選
　　　　　びなさい。

ア．個人番号カード所持者の転出届に関する情報を、転入地に事前通知
　　する制度を設ける。

イ．個人番号カード所持者について、電子証明書のスマートフォン（移
　　動端末設備）への搭載を可能とする。

ウ．公的個人認証サービスにおいて、本人同意に基づき、基本4情報
　　（氏名、生年月日、性別及び住所）の提供を可能とする。

エ．従業員本人の同意があった場合における転職時等の使用者間での特
　　定個人情報の提供を可能とする。

デジタル社会の形成を図るための関係法律の整備に関する法律

　令和3年5月12日に成立した「デジタル社会の形成を図るための関係法律の整備に関する法律」は、デジタル社会形成基本法に基づきデジタル社会の形成に関する施策を実施するため、個人情報保護法、番号法等の関係法律について所要の整備を行うものとしている。本問は、この改正法に関する理解を問うものである。

ア 施行されていない。施行日は公布から2年以内である。

イ 施行されていない。施行日は公布から2年以内である。

ウ 施行されていない。施行日は公布から2年以内である。

エ 施行された。　　番号法19条4号「使用者等から他の使用者等に対する従業者等に関する特定個人情報の提供」の内容である。

解答：エ

【課題2－2】マイナンバーの安全管理措置

問題121. 個人情報保護マネジメントシステム（PMS）と情報セキュリティマ
　　　　　ネジメントシステム（ISMS）に関する以下のアからエまでの記述
　　　　　のうち、最も適切ではないものを1つ選びなさい。

ア．情報セキュリティを実現するためには、組織に損害を与えるリスク
　　に対して、組織として効果的なマネジメントを行う必要がある。そ
　　のためのマネジメントシステムとして情報セキュリティマネジメン
　　トシステムの理解と実践が必要である。

イ．情報セキュリティマネジメントシステムと個人情報保護マネジメン
　　トシステムは矛盾するものではなく、情報セキュリティマネジメン
　　トシステムを構築・実施すれば個人情報保護マネジメントシステム
　　の要求事項の多くは満たされるといえる。

ウ．JIS Q 15001:2017「個人情報保護マネジメントシステム－要求事
　　項－」は、個人情報の保護に関するマネジメントシステムの産業
　　規格であり、個人情報保護マネジメントシステムの策定、実施、
　　維持及び継続的改善の必要性を唱えている。

エ．PIAとは、個人情報の収集を伴う情報システムの導入に当たり、プ
　　ライバシーへの影響を事前に評価し、情報システムの構築・運用を
　　適正に行うことを促す一連のプロセスをいう。このPIAの実施は、
　　個人情報保護法において個人情報取扱事業者の義務として規定され
　　ている。

個人情報保護マネジメントシステムと情報セキュリティマネジメントシステム

　本問は、個人情報保護マネジメントシステム（PMS）と情報セキュリティマネジメントシステム（ISMS）についての理解を問うものである。

ア適　切。本記述のとおりである。

イ適　切。本記述のとおりである。

ウ適　切。本記述のとおりである。

エ不適切。PIA（Privacy Impact Assessment：プライバシー影響評価）とは、個人情報の収集を伴う情報システムの導入に当たり、プライバシーへの影響を事前に評価し、情報システムの構築・運用を適正に行うことを促す一連のプロセスをいう。このPIAの実施は、個人情報保護法において個人取扱事業者の義務として規定されてはいない。

解答：エ

問題122. 情報セキュリティマネジメントシステム（ISMS）と個人情報保護
　　　　マネジメントシステム（PMS）に関する以下のアからエまでの記
　　　　述のうち、最も適切ではないものを１つ選びなさい。

ア．ISMSとPMSは矛盾するものではなく、ISMSを構築・実施すればPMSの
　　要求事項の多くは満たされるといえるが、個人情報の保護について
　　は個人情報保護法の規制に対応が必要なため、PMSを導入すること
　　が望ましい。

イ．情報セキュリティを実現するためには、組織に損害を与えるリスク
　　に対して、組織として効果的なマネジメントを行う必要がある。そ
　　のためのマネジメントシステムとしてISMSの理解と実践が必要であ
　　る。

ウ．PIAとは、個人情報の収集を伴う情報システムの導入に当たり、プ
　　ライバシーへの影響を事前に評価し、情報システムの構築・運用
　　を適正に行うことを促す一連のプロセスをいう。このPIAの実施は、
　　個人情報保護法において個人情報取扱事業者の義務として規定さ
　　れている。

エ．JIS Q 15001:2017「個人情報保護マネジメントシステム－要求事項
　　－」は、個人情報の保護に関するマネジメントシステムのJIS規格
　　であり、PMSの策定、実施、維持及び継続的改善の必要性を唱えて
　　いる。

個人情報保護マネジメントシステムと情報セキュリティマネジメントシステム

　本問は、個人情報保護マネジメントシステム（PMS）と情報セキュリティマネジメントシステム（ISMS）についての理解を問うものである。

ア適　切。本記述のとおりである。

イ適　切。本記述のとおりである。

ウ不適切。PIA（Privacy Impact Assessment：プライバシー影響評価）の実施は、個人情報保護法において個人情報取扱事業者の義務として規定されていない。
　　　　　　　なお、個人情報保護委員会の「個人情報保護法　いわゆる3年ごと見直し　制度改正大綱（令和元年12月13日）」では、個人情報を扱う民間の自主的取組の推進が挙げられており、PIAがその有用な取組として推奨されている。

エ適　切。本記述のとおりである。

解答：ウ

問題123. 以下のアからエまでの記述のうち、JIS　Q　27000:2019における情報セキュリティの要素の一つである「可用性」の定義に<u>該当する</u>ものを１つ選びなさい。

ア．正確さ及び完全さの特性。

イ．意図する行動と結果とが一貫しているという特性。

ウ．認可されたエンティティが要求したときに、アクセス及び使用が可能である特性。

エ．認可されていない個人、エンティティ又はプロセスに対して、情報を使用させず、また、開示しない特性。

|情報セキュリティの要素の定義|

　本問は、JIS Q 27000:2019における情報セキュリティの要素の定義に関する理解を問うものである。

ア該当しない。「完全性」の定義である。

イ該当しない。「信頼性」の定義である。

ウ該当する。

エ該当しない。「機密性」の定義である。

|解答：ウ|

問題124.　JIS Q 27000:2019における情報セキュリティの要素に関する以下のアからエまでの記述のうち、最も<u>適切ではない</u>ものを１つ選びなさい。

ア．「可用性」とは、「認可されたエンティティが要求したときに、アクセス及び使用が可能である特性」である。

イ．「完全性」とは、「正確さ及び完全さの特性」である。

ウ．「機密性」とは、「認可されていない個人、エンティティ又はプロセスに対して、情報を使用させず、また、開示しない特性」である。

エ．「真正性」とは、「意図する行動と結果とが一貫しているという特性」である。

情報セキュリティの要素の定義

　本問は、JIS Q 27000:2019における情報セキュリティの要素の定義に関する理解を問うものである。

ア適　**切**。本記述のとおりである。

イ適　**切**。本記述のとおりである。

ウ適　**切**。本記述のとおりである。

エ**不適切**。「意図する行動と結果とが一貫しているという特性」は、「**信頼性**」の定義である。
　　　　　なお、「真正性」とは、「エンティティは、それが主張するとおりのものであるという特性」である。

解答：エ

問題125. 「不正アクセス禁止法」及び「不正競争防止法」に関する以下の
アからエまでの記述のうち、最も<u>適切ではない</u>ものを１つ選びな
さい。

ア. 「不正アクセス禁止法」において、ネットワークを通じて、他人の
識別符号を悪用し、本来アクセスする権限のないコンピュータを利
用する行為は、「不正アクセス行為」に該当する。

イ. 「不正アクセス禁止法」において、「不正アクセス行為」の要件に
は、コンピュータネットワークを通じて行うことが含まれているが、
スタンドアロンのコンピュータに対し、その所有者に無断で操作し
てコンピュータ内の情報を不正に入手した場合であっても、「不正
アクセス行為」に該当する。

ウ. 「不正競争防止法」における「不正競争行為」に対抗するための措
置として、差止請求や損害賠償請求、信用回復措置請求などの、民
事責任に関する規定がある。

エ. 「不正競争防止法」における「営業秘密」として保護されるために
は、秘密管理性・有用性・非公知性の３つの要件を満たす必要があ
る。

不正アクセス禁止法・不正競争防止法

　本問は、「不正アクセス禁止法」及び「不正競争防止法」に関する理解を問うものである。

ア適　切。本記述のとおりである。

イ不適切。「不正アクセス行為」の要件には、コンピュータネットワークを通じて行うことが含まれている。そのため、スタンドアロンのコンピュータ（ネットワークに接続されていないコンピュータ）に対し、その所有者に無断で操作してコンピュータ内の情報を不正に入手した場合は、「不正アクセス行為」に該当しない。

ウ適　切。本記述のとおりである。

エ適　切。本記述のとおりである。

解答：イ

問題126.　プライバシーマーク制度に関する以下のアからエまでの記述のうち、最も適切ではないものを１つ選びなさい。

　ア．プライバシーマーク制度の保護対象は個人情報である。

　イ．プライバシーマーク付与の対象は、国内に活動をもつ事業者であり、原則として、法人単位で付与される。

　ウ．プライバシーマーク付与の有効期間は２年であり、以降は、２年ごとに更新を行うことができる。

　エ．プライバシーマーク制度は、プライバシーマーク付与機関、プライバシーマーク指定審査機関のみによって運営されている。

プライバシーマーク

　本問は、プライバシーマーク制度に関する理解を問うものである。

ア適　切。プライバシーマーク制度の保護対象は個人情報である。
　　　なお、ISMS適合性評価制度では、個人情報を含む情報資産も保護の対象となっている。

イ適　切。プライバシーマーク付与の対象は、国内に活動をもつ事業者であり、原則として、法人単位で付与される。

ウ適　切。プライバシーマーク付与の有効期間は２年であり、以降は、２年ごとに更新を行うことができる。

エ不適切。プライバシーマーク制度は、プライバシーマーク付与機関、プライバシーマーク指定審査機関だけではなく、プライバシーマーク指定研修機関も運営の対象機関となっている。

解答：エ

問題127. 以下のアからエまでの事例のうち、「刑法」における「不正指令電磁的記録作成罪」に該当する行為を１つ選びなさい。

ア. キャッシュカードやプリペイドカードの磁気部分のデータを、不正に書き換えた。

イ. Webページを不正に書き換えて、サービスを停止させた。

ウ. 使用者の意図とは無関係に勝手に実行されるようにする目的で、マルウェアのソースコードを作成した。

エ. 特定のサーバにログインするためのユーザID・パスワードを一覧できるファイルを作成し、アクセス権限のある本人に無断で第三者に提供した。

刑法

　本問は、刑法に関する理解を問うものである。
「刑法」における「不正指令電磁的記録作成・提供罪」とは、正当な理由がないのに、その使用者の意図とは無関係に勝手に実行されるようにする目的で、コンピュータウイルスやコンピュータウイルスのプログラム（ソースコード）を作成、提供する行為をいう（刑法168条の2）。

ア該当しない。キャッシュカードやプリペイドカードの磁気部分のデータを、不正に書き換える行為は、「刑法」における「電磁的記録不正作出」に該当する。（刑法161条の2）。

イ該当しない。Webページを不正に書き換えて、サービスを停止させる行為は、「刑法」における「電子計算機損壊等業務妨害」に該当する。（刑法234条の2）

ウ該当する。

エ該当しない。特定のサーバにログインするためのユーザID・パスワードを一覧できるファイルを作成し、アクセス権限のある本人に無断で第三者に提供する行為は、「不正アクセス禁止法」における「不正アクセス行為を助長する行為」に該当する。

解答：ウ

問題128.　以下のアからエまでの事例のうち、「刑法」における「電子計算機
　　　　　損壊等業務妨害罪」に該当する行為を１つ選びなさい。

ア．特定のサーバにログインするためのユーザID・パスワードを一覧で
　　きるファイルを作成し、アクセス権限のある本人に無断で第三者に
　　提供した。

イ．Webページを不正に書き換えて、サービスを停止させた。

ウ．使用者の意図とは無関係に勝手に実行されるようにする目的で、マ
　　ルウェアのソースコードを作成した。

エ．キャッシュカードやプリペイドカードの磁気部分のデータを、不正
　　に書き換えた。

刑法

　本問は、刑法に関する理解を問うものである。

ア該当しない。 特定のサーバにログインするためのユーザID・パスワードを一覧できるファイルを作成し、アクセス権限のある本人に無断で第三者に提供する行為は、「不正アクセス禁止法」における「不正アクセス行為を助長する行為」に該当する。

イ該当する。 電子計算機損壊等業務妨害罪に該当する（刑法234条の2）。

ウ該当しない。 使用者の意図とは無関係に勝手に実行されるようにする目的で、マルウェアのソースコードを作成する行為は、「刑法」における「不正指令電磁的記録作成罪」に該当する。（刑法168条の2）

エ該当しない。 キャッシュカードやプリペイドカードの磁気部分のデータを、不正に書き換える行為は、「刑法」における「電磁的記録不正作出罪」に該当する。（刑法161条の2）。

解答：イ

問題129. 情報セキュリティの関連法規に関する以下のアからエまでの記述
のうち、最も<u>適切な</u>ものを１つ選びなさい。

ア. 「特定電子メールの送信の適正化等に関する法律」（特定電子メー
ル法）では、スマートフォンや携帯電話のショートメッセージサー
ビスを利用した広告宣伝メールについては、規制の対象外となる。

イ. 「著作権法」は、情報通信技術の進歩に伴い、コンピュータプログ
ラムを著作物に含めたり、インターネットに送信する公衆送信権を
著作権として認めたりするなど、法改正により適用範囲を拡大して
いる。

ウ. 「不正競争防止法」における「営業秘密」として保護されるために
は、秘密管理性・有用性・非公知性の３つの要件を１つ以上満たし
ていればよい。

エ. 「不正アクセス禁止法」において、スタンドアロンのコンピュータ
に対し、その所有者に無断で操作してコンピュータ内の情報を不正
に入手した場合であっても、「不正アクセス行為」に該当する。

情報セキュリティの関連法規

　本問は、情報セキュリティの関連法規に関する理解を問うものである。

ア不適切。「特定電子メールの送信の適正化等に関する法律」（特定電子メール法）では、スマートフォンや携帯電話のショートメッセージサービスを利用した広告宣伝メールについては、<u>規制の対象とされている</u>。

イ適　切。本記述のとおりである。

ウ不適切。「不正競争防止法」における「営業秘密」として保護されるためには、秘密管理性・有用性・非公知性の３つの要件を<u>すべて満たす</u>必要がある。

エ不適切。「不正アクセス行為」の要件には、コンピュータネットワークを通じて行うことが含まれている。そのため、スタンドアロンのコンピュータ（ネットワークに接続されていないコンピュータ）に対し、その所有者に無断で操作してコンピュータ内の情報を不正に入手した場合は、「不正アクセス行為」<u>に該当しない</u>。

解答：イ

問題130. JIS Q 27001:2014及びISMS適合性評価制度に関する以下のアから
エまでの記述のうち、最も<u>適切ではないもの</u>を１つ選びなさい。

ア．ISMS適合性評価制度は、保護対象が情報全般となっており、法人単
位の認証が原則であり、部門やサービス単位での認証は認められて
いない。

イ．JIS Q 27001:2014を基に、「情報セキュリティ管理基準」のマネジ
メント基準の事項が策定されている。

ウ．情報セキュリティマネジメントシステム（ISMS）の適合性を評価す
る第三者認証制度のことをISMS適合性評価制度といい、JIS Q
27001:2014を認証基準としている。

エ．JIS Q 27001:2014は、企業の基本的な方針や、それに基づいた具体
的な計画の策定、その実施と運用、一定期間ごとの運用の評価や
見直しまでを含めた、トータルな保護管理体系の構築を要求して
いる。

JIS Q 27001:2014及びISMS適合性評価制度

本問は、JIS Q 27001:2014及びISMS適合性評価制度についての理解
を問うものである。

ア不適切。ISMS適合性評価制度は、保護対象が情報全般となっており、
<u>法人単位だけでなく、部門やサービス単位での認証が可能</u>で
ある。

イ適　切。本記述のとおりである。

ウ適　切。本記述のとおりである。

エ適　切。本記述のとおりである。

解答：ア

問題131. 内部統制とは、基本的に、４つの目的が達成されているとの合理的な保証を得るために、業務に組み込まれ、組織内の全ての者によって遂行されるプロセスをいう。ここでいう４つの目的として最も適切ではないものを以下のアからエまでのうち１つ選びなさい。

ア．業務の有効性及び効率性

イ．財務報告の信頼性

ウ．事業活動に関わる法令等の遵守

エ．IT への対応

内部統制

　内部統制とは、基本的に、業務の有効性及び効率性、財務報告の信頼性、事業活動に関わる法令等の遵守並びに資産の保全の４つの目的が達成されているとの合理的な保証を得るために、業務に組み込まれ、組織内の全ての者によって遂行されるプロセスをいい、統制環境、リスクの評価と対応、統制活動、情報と伝達、モニタリング（監視活動）及びＩＴ（情報技術）への対応の６つの基本的要素から構成される。

ア適　切。「業務の有効性及び効率性」とは、事業活動の目的の達成のため、業務の有効性及び効率性を高めることをいう。

イ適　切。「財務報告の信頼性」とは、財務諸表及び財務諸表に重要な影響を及ぼす可能性のある情報の信頼性を確保することをいう。

ウ適　切。「事業活動に関わる法令等の遵守」とは、事業活動に関わる法令その他の規範の遵守を促進することをいう。

エ不適切。「ITへの対応」は、内部統制制度において達成されるべき４つの目的には含まれない。肢ア、イ、ウの３つの他に目的とされているのは、「資産の保全（資産の取得、使用及び処分が正当な手続及び承認の下に行われるよう、資産の保全を図ること）」である。「ITへの対応」は、内部統制の６つの基本的要素の１つである。

解答：エ

問題132. 内部統制に関する以下のアからエまでの記述のうち、最も<u>適切な</u>ものを1つ選びなさい。

ア. 内部統制とは、業務の有効性及び効率性・財務報告の信頼性・事業活動に関わる法令等の遵守・ITへの対応の4つの目的を達成するための仕組みである。

イ. 内部統制は、組織から独立して日常業務と別に構築されるものであり、経営陣のみによって行われる業務に組み込まれて構築され、遂行されるものである。

ウ. 内部統制は、統制環境・リスクの評価と対応・統制活動・情報と伝達・モニタリング（監視活動）の5つの基本的要素によって構成されており、この5つの要素全てが適切に整備、運用されていることが求められる。

エ. 内部統制システムとしてのリスク管理体制には、情報セキュリティに関するリスク管理体制も含まれ、会社における情報セキュリティ対策は、会社の内部統制の一環として行われるものである。

内部統制

本問は、内部統制についての理解を問うものである。

ア不適切。 内部統制とは、業務の有効性及び効率性・財務報告の信頼性・事業活動に関わる法令等の遵守・**資産の保全**の４つの目的を達成するための仕組みである。

なお、「ITへの対応」は、内部統制の６つの基本的要素の一つである。

イ不適切。 内部統制は、組織から独立して**日常業務と別に構築されるものではなく**、組織の業務に組み込まれて構築され、**組織内のすべての者**により業務の過程で遂行されるものである。

ウ不適切。 内部統制は、統制環境・リスクの評価と対応・統制活動・情報と伝達・モニタリング（監視活動）・**ITへの対応**の**６つ**の基本的要素によって構成されており、この**６つ**の要素全てが適切に整備、運用されていることが求められる。

エ適　切。 本記述のとおりである。

解答：エ

問題133. 以下のアからエまでのうち、リスクマネジメントシステムに関する次の文章中の（　　）に入る最も<u>適切な</u>語句の組合せを１つ選びなさい。

リスクマネジメントシステムは、PDCAサイクルの枠組みとともに、次のようなプロセスによって実現される。

1．組織が置かれた外部的・内部的な状況の確定
2．リスクアセスメント
　（1）リスク（　a　）
　　　現状に即した最新の情報に基づいてリスクを（a）し、リスクの包括的な一覧を作成する。
　（2）リスク（　b　）
　　　（a）したリスクが生じた場合に起こりうる結果や結果の起こりやすさ等を（b）する。
　（3）リスク（　c　）
　　　リスク（b）に基づき、（　d　）を要するリスクの優先順位付けを行う。
3．リスク（d）
　　リスク（d）の管理策を決定し、リスク（d）計画を策定して実施する。

ア．a．特定　　　b．評価　　　c．対応　　　d．分析

イ．a．特定　　　b．分析　　　c．評価　　　d．対応

ウ．a．分析　　　b．特定　　　c．対応　　　d．評価

エ．a．分析　　　b．対応　　　c．評価　　　d．特定

リスクマネジメント

　本問は、リスクマネジメントに関する理解を問うものである。

リスクマネジメントは、PDCAサイクルの枠組みとともに、次のようなプロセスによって実現される。

1．組織が置かれた外部的・内部的な状況の確定

2．リスクアセスメント

　（1）リスク**特定**
　　　現状に即した最新の情報に基づいてリスクを**特定**し、リスクの包括的な一覧を作成する。

　（2）リスク**分析**
　　　特定したリスクが生じた場合に起こりうる結果や結果の起こりやすさ等を**分析**する。

　（3）リスク**評価**
　　　リスク**分析**に基づき、**対応**を要するリスクの優先順位付けを行う。

3．リスク**対応**
　　リスク**対応**の管理策を決定し、リスク**対応**計画を策定して実施する。

　以上により、a「特定」、b「分析」、c「評価」、d「対応」が入り、従って、正解は肢イとなる。

解答：イ

問題134. リスクマネジメント等に関する以下のアからエまでのうち、最も
適切ではないものを１つ選びなさい。

ア．リスクマネジメントプロセスの要素は、「コミュニケーション及び
協議」、「組織の状況確定」、「リスクアセスメント」、「リスク対応」、
「モニタリング及びレビュー」である。

イ．リスクマネジメントを行う際の指針となるJIS規格が存在している。

ウ．リスクマネジメントは、組織に関連する全ての活動の一部であるが、
ステークホルダとのやり取りは含まれない。

エ．リスクアセスメントとは、リスク特定、リスク分析及びリスク評価
を網羅するプロセス全体を指す。

リスクマネジメント等

　本問は、リスクマネジメント等についての理解を問うものである。

ア適　切。本記述のとおりである。

イ適　切。本記述のとおりである。

ウ不適切。リスクマネジメントは、原則、枠組み、プロセスに基づいて
行われるもので、組織に関連するすべての活動の一部であり、
ステークホルダとのやり取りを含む。

エ適　切。本記述のとおりである。

解答：ウ

問題135. リスク分析に関する以下のアからエまでの記述のうち、最も<u>適切</u><u>ではない</u>ものを１つ選びなさい。

ア．残留リスクには、リスク受容基準以下であるとして受容されるリスクと、リスクの最適化等の対応の結果、残されるリスクが含まれる。

イ．残留リスクは、保有リスクともいう。

ウ．リスク受容基準以下であるとして受容されるリスクに関しては、情報セキュリティ管理の対象から除外することができる。

エ．残留リスクには、特定されていないリスクも含まれ得る。

残留リスク

　本問は、残留リスクに関する理解を問うものである。

ア適　切。本記述のとおりである。

イ適　切。本記述のとおりである。

ウ不適切。リスク受容基準以下であるとして受容されるリスクと、リスクの最適化等の対応の結果、残されるリスクは、情報セキュリティ管理の対象である。

エ適　切。本記述のとおりである。

解答　ウ

問題136. 以下のアからエまでのうち、技術的脅威に関する次の文章中の
（　　）に入る最も適切な語句の組合せを１つ選びなさい。

（　a　）モデルとは、マイクロソフト社が提唱した脅威分析手法の
一つである。６つの技術的脅威のそれぞれの英単語の頭文字から構成
されている。
その６つの脅威のうち、「（　b　）」は、利用者がサービスの利用等の
事実を否定することである。また、「（　c　）」は、アクセス権を持た
ない利用者に情報が公開されることである。

ア．a．STRIDE　　　b．否認　　　　　　c．漏えい

イ．a．COCOMO　　　b．否認　　　　　　c．権限昇格

ウ．a．STRIDE　　　b．サービス拒否　　c．権限昇格

エ．a．COCOMO　　　b．サービス拒否　　c．漏えい

STRIDEモデル

　本問は、STRIDEモデルに関する理解を問うものである。

STRIDEモデルとは、マイクロソフト社が提唱した脅威分析手法の一
つである。６つの技術的脅威のそれぞれの英単語の頭文字から構成さ
れている。
その６つの脅威のうち、「**否認**」は、利用者がサービスの利用等の事実
を否定することである。また、「**漏えい**」は、アクセス権を持たない利
用者に情報が公開されることである。

STRIDEモデル：Spoofing（なりすまし）、Tampering（データの改ざ
　　　　　　　ん）、Repudiation（否認）、
　　　　　　　Information Disclosure（情報の漏えい）、Denial of
　　　　　　　Service（サービス拒否）、
　　　　　　　Elevation of Privilege（権限昇格）

解答：ア

問題137. 以下のアからエまでの記述のうち、MICTSのリスク分析手法の一つである「ベースラインアプローチ」の説明に<u>該当する</u>ものを1つ選びなさい。

ア. 情報資産・脅威・ぜい弱性の洗い出しを行って、リスクを評価する手法である。情報資産に応じたリスクレベルの把握ができ、リスク対策の選択がしやすくなる。

イ. 複合アプローチとも呼ばれ、複数のアプローチを併用して、それぞれの手法のメリットを活かし、デメリットを補い、作業効率や分析精度の向上を図る手法である。

ウ. 一定の確保すべきセキュリティレベルを設定して、組織全体で一律にリスク分析を行う手法で、簡易かつ低コストで実施できる。

エ. 担当者や有識者等が、その知識や経験等を踏まえてリスクを評価する分析手法である。体系化された方法を用いないため、分析者の能力によるところが大きい。

MICTSのリスク分析の手法

　本問は、MICTSのリスク分析手法についての理解を問うものである。

ア該当しない。「詳細リスク分析」の説明である。

イ該当しない。「組合せアプローチ」の説明である。
　　　　　　　　実務では組合せアプローチを用いることが一般的とされ
ており、組織全体にはベースラインアプローチを採用し、
重要な情報資産や重要な情報資産を扱う組織等に限定し
て詳細リスク分析を行うことが多い。

ウ該当する。　「ベースラインアプローチ」は「簡易リスク分析」とも
いわれる。

エ該当しない。「非形式的アプローチ」の説明である。

解答：ウ

問題138.　次の特徴を持つMICTSのリスク分析手法はどれか。以下のアからエ
　　　　　までのうち１つ選びなさい。

・情報資産に応じたリスクレベルの把握ができ、リスク対策の選択がし
　やすくなる。

・厳密なリスク評価が行えるものの多大な工数や費用がかかる。

・重要な情報資産を扱う組織等に限定して実施されることが多い。

　ア．ベースラインアプローチ

　イ．詳細リスク分析

　ウ．非形式的アプローチ

　エ．組合せアプローチ

MICTSのリスク分析の手法

　　本問は、MICTSのリスク分析手法についての理解を問うものである。
　　次の３つの特徴を持つ該当するMICTSのリスク分析手法は、「**詳細リス
ク分析**」である。詳細リスク分析は、情報資産・脅威・ぜい弱性の洗い
出しを行って、リスクを評価する分析手法であり、組合せアプローチに
おいて、ベースラインアプローチと組合せてよく用いられている。

・情報資産に応じたリスクレベルの把握ができ、リスク対策の選択がし
　やすくなる。

・厳密なリスク評価が行えるものの多大な工数や費用がかかる。

・重要な情報資産を扱う組織等に限定して行うことが多い。

　　以上により正解は肢イである。

解答：イ

問題139. リスク対応を「リスクの低減」、「リスクの保有」、「リスクの回避」、「リスクの移転」の４つに分類した場合、「リスクの移転」の具体例に該当するものを、以下のアからエまでの記述のうち、１つ選びなさい。

ア．従業員に対する情報セキュリティ教育を実施する。

イ．データセンターが現在ある場所は水害の発生頻度が高く、発生時の損失も大きいため、水害の発生しにくい場所へ移転する。

ウ．情報システムの運用を、専門業者にアウトソーシングする。

エ．インターネットからの不正侵入という脅威に対し、外部との接続を断ち、Web上での情報の公開を停止する。

リスク対応

　本問は、リスク対応についての理解を問うものである。

ア該当しない。従業者に対する情報セキュリティ教育を実施するのは、「リスクの低減」の具体例である。

イ該当しない。データセンターが現在ある場所は水害の発生頻度が高く、発生時の損失も大きいため、水害の発生しにくい場所へ移転するのは、「リスクの回避」の具体例である。

ウ該当する。

エ該当しない。インターネットからの不正侵入という脅威に対し、外部との接続を断ち、Web上での情報の公開を停止するのは、「リスクの回避」の具体例である。

解答：ウ

問題140. 以下のアからエまでの記述のうち、「リスクの低減」の具体例に該当するものを１つ選びなさい。

ア．従業員に対する情報セキュリティ教育を実施する。

イ．インターネットからの不正侵入という脅威に対し、外部との接続を断ち、Web上での公開を停止する。

ウ．水害の発生頻度が高く、発生時の損失が大きいため、データセンターを雨の少ない地域へ移転する。

エ．情報システムの運用を、専門業者にアウトソーシングする。

情報セキュリティにおけるリスクへの対応

　本問は、リスク対応についての理解を問うものである。

ア該当する。　従業者に対する情報セキュリティ教育を実施するのは、「リスクの低減」の具体例である。

イ該当しない。 インターネットからの不正侵入という脅威に対し、外部との接続を断ち、Web上での公開を停止するのは、「リスクの回避」の具体例である。

ウ該当しない。 水害の発生頻度が高く、発生時の損失が大きいため、データセンターを雨の少ない地域へ移転するのは、「リスクの回避」の具体例である。

エ該当しない。 情報システムの運用を、専門業者にアウトソーシングするのは、「リスクの移転」の具体例である。

解答：ア

問題141. 「パスワードリスト攻撃」への対策に関する以下のアからエまで
の記述のうち、最も適切ではないものを1つ選びなさい。

ア．サービス提供側の対策として、普段利用しない環境からログインが
あった場合、そのようなログインがあった旨のメールをユーザに送
信する機能を採用する。

イ．サービス提供側の対策として、ユーザID・パスワードに加え、あら
かじめ登録しておいた携帯端末などに送信された認証コードを使用
して、ログインを行う仕組みを採用する。

ウ．ユーザ側の対策として、複数の異なるサービスを利用する場合は、
信頼のおけるパスワード管理ツールを利用し、サービスにログイン
するためのユーザID・パスワードの管理を適切に行う。

エ．ユーザ側の対策として、パスワードポリシーを満たす強度の高いパ
スワードを、複数の異なるサービスで共有する。

「パスワードリスト攻撃」への対策

　本問は、システムへの攻撃についての理解を問うものである。

　「パスワードリスト攻撃」とは、別のサービスやシステムから流出したアカウント情報を用いて、不正なログインを試みる攻撃であり、「アカウントリスト攻撃」とも呼ばれる。

ア適　切。本記述のとおりである。

イ適　切。本記述のとおりである。

ウ適　切。本記述のとおりである。

エ不適切。ユーザ側の対策として、パスワードポリシーを満たす強度の高いパスワードを設定することは、対策として重要であるが、複数の異なるサービスでパスワードを共有した場合、「パスワードリスト攻撃」に遭いやすくなる。そのため、パスワードの共有や使いまわしをしないことが重要である。

解答：エ

問題142. 以下のアからエまでの記述のうち、「ボット」の説明に<u>該当する</u>ものを１つ選びなさい。

ア．攻撃者がコンピュータに不正侵入した後に利用するためのソフトウェアをまとめたパッケージであり、ログ改ざんツールやバックドア作成ツール、改ざんされたシステムコマンド群等が含まれる。

イ．ネットワークを介して、そのコンピュータを外部から操ることを目的として作成された不正プログラムである。

ウ．コンピュータシステムのセキュリティを回避するよう設計されたプログラムであり、便利なソフトウェアを装って、ユーザに害を与える不正なプログラムである。

エ．ユーザを怯えさせたり恐怖心をあおることによって、金銭を支払わせたり、個人情報を盗んだりする不正プログラムの総称である。

| 技術的脅威 |

　本問は、技術的脅威についての理解を問うものである。

ア該当しない。<u>ルートキット</u>の説明である。

イ該当する。

ウ該当しない。<u>トロイの木馬</u>の説明である。

エ該当しない。<u>スケアウェア</u>の説明である。

| 解答：イ |

問題143. 以下のアからエまでのうち、技術的脅威に関する次の文章中の
（　　）に入る最も<u>適切な</u>語句の組合せを１つ選びなさい。

利用目的や利用方法によっては、有用なソフトウェアも、マルウェア
として悪用される場合がある。例えば、（　a　）は、本来はシステム
の動作テストや自動実行のためにキー入力情報を記録する有用なソフ
トウェアであるが、リモートアクセス機能を利用して、記録された情
報を外部へ送信する等、（　b　）として悪用されることがある。
また、ファイル共有ソフトである（　c　）を利用して、不特定多数
のコンピュータ間でファイルをやり取りした際、暴露ウイルスに感染
して、公開したくないファイルであっても自動的に公開用フォルダに
コピーされてしまうこともある。その結果、機密情報が漏えいする事
故も多いため、ファイル共有ソフトの使用を禁止する企業も多い。

ア．a．キーロガー　　　b．ブロートウェア　　c．ファイラー

イ．a．キーバインド　　b．スパイウェア　　　c．P2Pソフト

ウ．a．キーロガー　　　b．スパイウェア　　　c．P2Pソフト

エ．a．キーバインド　　b．ブロートウェア　　c．ファイラー

技術的脅威

　本問は、技術的脅威についての理解を問うものである。

利用目的や利用方法によっては、有用なソフトウェアも、マルウェアとして悪用される場合がある。例えば、**キーロガー**は、本来はシステムの動作テストや自動実行のためにキー入力情報を記録する有用なソフトウェアであるが、リモートアクセス機能を利用して、記録された情報を外部へ送信する等、**スパイウェア**として悪用されることがある。また、ファイル共有ソフトである**P2Pソフト**を利用して、不特定多数のコンピュータ間でファイルをやり取りした際、暴露ウイルスに感染して、公開したくないファイルであっても自動的に公開用フォルダにコピーされてしまうこともある。その結果、機密情報が漏えいする事故も多いため、ファイル共有ソフトの使用を禁止する企業も多い。

解答：ウ

問題144. 以下のアからエまでの記述のうち、「トロイの木馬」の説明に<u>該当するもの</u>を１つ選びなさい。

ア．一見無害なプログラムを装ってインストールされ、利用者の知らないうちにバックドアを作成する等、セキュリティ侵害をするプログラムの総称であり、一般的に自己増殖機能はもたず、他のコンピュータに感染しない。

イ．ネットワークを通じて、自分自身のコピーを拡散させ、他のコンピュータに感染することを目的としたプログラムであり、自己増殖し、単独で活動でき、感染対象となるプログラムを必要としない。

ウ．感染したコンピュータのシステムへのアクセスを制限し、制限を解除するための身代金を要求するプログラムのことをいう。

エ．コンピュータに感染し、ネットワークを介して、そのコンピュータを外部から操ることを目的として作成された不正プログラムである。

| 技術的脅威（技術的な攻撃手法）の例（マルウェア） |

　本問は、マルウェアについての理解を問うものである。

ア該当する。

イ該当しない。「ワーム」の説明である。

ウ該当しない。「ランサムウェア」の説明である。

エ該当しない。「ボット」の説明である。

| 解答：ア |

問題145. 標的型メールへの対応に関する以下のアからエまでの記述のうち、最も<u>適切ではない</u>ものを１つ選びなさい。

ア．情報システム部門等の担当者は、情報集約窓口に報告された標的型攻撃と思われる不審なメールを含めて、類似する不審なメールがほかにも届いていないかどうか、メールサーバのログ等をもとに調査を行う。

イ．情報システム部門等の担当者は、標的型攻撃と思われる不審なメールが届いたすべての端末で、そのメールの添付ファイルを開いたり、メッセージに記載されているURLにアクセスしていないか等の調査を行う。

ウ．明らかに標的型攻撃と判断できるメールを受信した場合は、以降の受信拒否の意思を表示するため、メッセージは添えずに、そのまま送信元に返信する。

エ．標的型攻撃と思われる不審なメールに気付いた場合は、組織で定められている運用ルールに従って、情報システム部門等の情報集約窓口に速やかに報告する。

標的型メール

　本問は、標的型メールへの対応についての理解を問うものである。

ア適　切。本記述のとおりである。

イ適　切。本記述のとおりである。

ウ不適切。明らかに標的型攻撃と判断できるメールを受信した場合は、情報集約窓口に速やかに報告し、担当者の指示に従う。送信元に返信してしまった場合、そのメールアドレスが有効である（現在利用されている）ことが送信元に伝わることとなり、再度標的にされやすくなるので、**返信をするべきではない**。

エ適　切。本記述のとおりである。

解答：ウ

問題146. 経済産業省の「コンピュータウイルス対策基準」における「システムユーザ基準」に関する以下のアからエまでの記述のうち、最も適切ではないものを1つ選びなさい。

ア．外部より入手したファイル及び共用するファイル媒体は、ウイルス検査後に利用すること。

イ．不正アクセスによるウイルス被害を防止するため、システムのユーザIDを共用しないこと。

ウ．システムを悪用されないため、入力待ちの状態で放置しないこと。

エ．ウイルスの被害に備えるため、ファイルのバックアップを不定期に行い、バックアップデータは随時削除すること。

コンピュータウイルス対策基準

　本問は、経済産業省の「コンピュータウイルス対策基準」における「システムユーザ基準」に関する理解を問うものである。

ア適　切。本記述のとおりである。

イ適　切。本記述のとおりである。

ウ適　切。本記述のとおりである。

エ不適切。ウイルスの被害に備えるため、ファイルのバックアップを定期的に行い、一定期間保管すること。

解答：エ

問題147. 「特定個人情報の適正な取扱いに関するガイドライン（事業者編）」に関する以下のアからエまでの記述のうち、最も適切ではないものを１つ選びなさい。

ア. 本ガイドラインは、番号法４条及び個人情報保護法128条に基づき、事業者が特定個人情報の適正な取扱いを確保するための具体的な指針を定めるものである。

イ. 特定個人情報に関し、番号法に特段の規定がなく個人情報保護法が適用される部分については、委員会が定める「個人情報の保護に関する法律についてのガイドライン」等を遵守することを前提としている。

ウ. 事業者は、特定個人情報等の適正な取扱いの確保について組織として取り組むために、基本方針を策定することは重要であり、番号法において基本方針の公表が義務付けられている。

エ. 事業者は、個人番号を取り扱う事務の範囲を明確にしておかなければならず、この明確化した事務において取り扱う特定個人情報等の範囲も明確にしておかなければならない。

特定個人情報の適正な取扱いに関するガイドライン（事業者編）

　本問は、「特定個人情報の適正な取扱いに関するガイドライン（事業者編）」に関する理解を問うものである。

ア適　切。本記述のとおりである。

イ適　切。本記述のとおりである。

ウ不適切。特定個人情報等の適正な取扱いの確保について組織として取り組むために、基本方針を策定することは重要であるが、基本方針の公表は義務付けられてはいない。

エ適　切。本記述のとおりである。

解答：ウ

問題148. 「特定個人情報の適正な取扱いに関するガイドライン（事業者編）」の「（別添1）特定個人情報に関する安全管理措置（事業者編）」に関する以下のアからエまでの記述のうち、最も適切ではないものを1つ選びなさい。

ア．事業者には、特定個人情報等を取り扱う事務に従事する従業者の明確化が求められるが、これは、個人名による明確化でなくても、例えば、部署名（○○課、○○係等）、事務名（○○事務担当者）等により、担当者が明確になれば十分であると考えられる。

イ．特定個人情報の取扱いについての基本方針の公表は番号法上義務付けられてはいない。

ウ．事業者は、特定個人情報等の適正な取扱いを確保するために、取扱規程等を策定しなければならない。この取扱規程等には、管理段階ごと（①取得段階、②利用段階、③保存段階、④提供段階、⑤削除・廃棄段階）に、取扱方法、責任者・事務取扱担当者及びその任務等について定めることが考えられる。

エ．特定個人情報等の適正な取扱いの確保について組織として取り組むために、基本方針を策定することが重要であり、事業者は既に個人情報の取扱いに係る基本方針（個人情報保護方針）を策定している場合であっても、別途、特定個人情報等に係る基本方針を新たに策定しなければならない。

特定個人情報の適正な取扱いに関するガイドライン（事業者編）

　本問は、「特定個人情報の適正な取扱いに関するガイドライン（事業者編）」の「（別添1）特定個人情報に関する安全管理措置（事業者編）」に関する理解を問うものである。

ア適　切。本記述のとおりである。

イ適　切。本記述のとおりである。

ウ適　切。本記述のとおりである。

エ不適切。特定個人情報等の適正な取扱いの確保について組織として取り組むために、基本方針を策定することが重要であり、事業者が既に個人情報の取扱いに係る基本方針（個人情報保護方針）を策定している場合、<u>その個人情報保護方針を一部改正することで対応してもかまわない</u>。

解答：エ

問題149.「特定個人情報の適正な取扱いに関するガイドライン（事業者編）」
　　　　の「（別添）特定個人情報に関する安全管理措置（事業者編）」に
　　　　おいて、「中小規模事業者」については、事務で取り扱う個人番
　　　　号の数量が少なく、また、特定個人情報等を取り扱う従業者が限
　　　　定的であること等から、特例的な対応方法が示されている。次の
　　　　a～dのうち、「中小規模事業者」から<u>除かれている</u>事業者はい
　　　　くつあるか。以下のアからエまでのうち１つ選びなさい。

　　a）その事業の用に供する個人情報データベース等を構成する個人情報
　　　　によって識別される特定の個人の数の合計が過去６月以内のいずれ
　　　　かの日において5,000を超える事業者

　　b）金融分野（個人情報保護委員会・金融庁作成の「金融分野における
　　　　個人情報保護に関するガイドライン」第１条第１項に定義される金
　　　　融分野）の事業者

　　c）個人番号利用事務実施者

　　d）委託に基づいて個人番号関係事務又は個人番号利用事務を業務とし
　　　　て行う事業者

　　ア．１つ　　　　　　イ．２つ　　　　　　ウ．３つ　　　　　　エ．４つ

特定個人情報の適正な取扱いに関するガイドライン（事業者編）

　本問は、「特定個人情報の適正な取扱いに関するガイドライン（事業者編）」の「（別添）特定個人情報に関する安全管理措置（事業者編）」で示されている「中小規模事業者」については、事務で取り扱う個人番号の数量が少なく、また、特定個人情報等を取り扱う従業者が限定的であること等から、特例的な対応方法が示されている。本問はこの中小希望事業者に関する理解を問うものである。

　「中小規模事業者」とは、事業者のうち従業員の数が 100 人以下の事業者をいい、本記述の a 〜 d のすべての事業者が、「中小規模事業者」から除かれている。

　従って、正解は肢エとなる。

解答：エ

問題150.「特定個人情報の適正な取扱いに関するガイドライン（事業者編）」
の「（別添1）特定個人情報に関する安全管理措置（事業者編）」
に関する以下のアからエまでの記述のうち、最も適切ではないも
のを1つ選びなさい。

ア．組織的安全管理措置として、「特定個人情報等の取扱状況を把握し、
安全管理措置の評価、見直し及び改善に取り組む」ことが求められ
ており、その手法の例として、特定個人情報等の取扱状況について、
定期的に自ら行う点検又は他部署等による監査を実施することが考
えられる。

イ．人的安全管理措置として、「事業者は、事務取扱担当者に、特定個
人情報等の適正な取扱いを周知徹底するとともに適切な教育を行
う。」と示されている。

ウ．物理的安全管理措置として、「個人番号の削除、機器及び電子媒体
等の廃棄において復元不可能な手段を採用する」ことが求められて
おり、その手法の例として、特定個人情報等が記録されたパソコン
を廃棄する場合、パソコンを初期化したり、ごみ箱フォルダ内の
ファイルを削除したりすることが復元不可能な手段に該当すると考
えられる。

エ．技術的安全管理措置として、情報漏えい等の防止が求められており、
この手法の例として、「通信経路における情報漏えい等の防止策と
しては、通信経路の暗号化等が考えられる。」と示されている。

特定個人情報の適正な取扱いに関するガイドライン（事業者編）

　本問は、「特定個人情報の適正な取扱いに関するガイドライン（事業者編）」の「（別添１）特定個人情報に関する安全管理措置（事業者編）」に関する理解を問うものである。

ア適　切。本記述のとおりである。

イ適　切。本記述のとおりである。

ウ不適切。特定個人情報等が記録されたパソコンを廃棄する場合、パソコンの初期化したり、ごみ箱フォルダ内のファイルを削除したりするだけでは、データ復元用のソフトウェアを用いて復元可能であるため、**これらのような方法は復元不可能な手段とはいえない**。

エ適　切。本記述のとおりである。

解答：ウ

問題151.「特定個人情報の適正な取扱いに関するガイドライン（事業者編）」
　　　　の「（別添１）特定個人情報に関する安全管理措置（事業者編）」
　　　　において、中小規模事業者については、事務で取り扱う個人番号
　　　　の数量が少なく、また、特定個人情報等を取り扱う従業者が限定
　　　　的であること等から、特例的な対応方法が示されている。この中
　　　　小規模事業者に関する以下のアからエまでの記述のうち、最も<u>適
　　　　切ではない</u>ものを１つ選びなさい。

ア．個人番号利用事務実施者は、中小規模事業者に該当しない。

イ．事業の用に供する個人情報データベース等を構成する個人情報に
　　よって識別される特定の個人の数の合計が過去６月以内のいずれ
　　かの日において5,000を超える事業者は、中小規模事業者に該当し
　　ない。

ウ．金融分野（個人情報保護委員会・金融庁作成の「金融分野における
　　個人情報保護に関するガイドライン」１条１項に定義される金融分
　　野）の事業者は、中小規模事業者に該当しない。

エ．NPO法人のように営利の活動を行っていない団体は、従業員が100人
　　を超える団体の場合であっても、中小規模事業者に該当する。

特定個人情報の適正な取扱いに関するガイドライン（事業者編）

本問は、「特定個人情報の適正な取扱いに関するガイドライン（事業者編）」の「（別添1）特定個人情報に関する安全管理措置（事業者編）」に関する理解を問うものである。

「（別添）特定個人情報に関する安全管理措置（事業者編）」において、中小規模事業者は、事務で取り扱う個人番号の数量が少なく、また、特定個人情報等を取り扱う従業者が限定的であること等から、特例的な対応方法が示されている。

ア適　切。本記述のとおりである。

イ適　切。本記述のとおりである。

ウ適　切。本記述のとおりである。

エ不適切。「中小規模事業者」とは、原則として、事業者のうち従業員の数が100人以下の事業者をいい、営利か非営利かは問わない。よって、従業員の数が100人を超えるのであれば、「中小規模事業者」には該当しない。

解答：エ

問題152. 規程文書（内部規程）に関する以下のアからエまでの記述のうち、
最も<u>適切な</u>ものを１つ選びなさい。

ア. 「基本方針」は、経営者が情報セキュリティ等に取り組む姿勢を示
し、社内外に宣言するものであり、セキュリティ委員会などの経営
者レベルで策定する。

イ. 「対策基準」は、「基本方針」に基づき、何を実施しなければなら
ないかという組織のルールを具体的に記述するものであり、セキュ
リティ委員会などの経営者レベルで策定する。チェックリストや作
業マニュアルなどが該当する。

ウ. 「実施手順」は、「対策基準」に定めた内容を個々の業務において
どのように実施するかという実務上の手順や様式を具体的に定める
ものであり、一般社員（現場の個々の担当者）が必要に応じて策定
する。細則や業務手順書、台帳、様式などが該当する。

エ. 内部規程は、「実施手順」→「対策基準」→「基本方針」の順にボ
トムアップ形式で作成し、これらの規程文書は１冊にして全従業
者が閲覧できるようにしておく必要はなく、従業者が必要な範囲
で参照できればよい。

規程文書（内部規程）

本問は、規程文書（内部規程）に関する理解を問うものである。

ア適　切。 本記述のとおりである。

イ不適切。「対策基準」は、「基本方針」に基づき、何を実施しなければならないかという組織のルールを具体的に記述するものであり、就業規則や情報管理規程、文書管理規程、個人情報保護規程などがこれに該当する。「対策基準」はセキュリティ委員会などの経営者レベルで策定する。

ウ不適切。「実施手順」は、「対策基準」に定めた内容を個々の業務においてどのように実施するかという実務上の手順や様式を具体的に定めるものであり、細則や業務手順書、台帳、様式、チェックリスト、作業マニュアルなどがこれに該当する。「実施手順」は部門長レベルによって策定する。

エ不適切。 内部規程は、「基本方針」→「対策基準」→「実施手順」の順にトップダウン型で作成するのが一般的である。これらの規程文書は1冊にして全従業者が閲覧できるようにしておく必要はなく、従業者が必要な範囲で参照できればよい。

解答：ア

問題153. 規程文書（内部規程）に関する以下のアからエまでの記述のうち、最も適切ではないものを１つ選びなさい。

ア．規程文書（内部規程）のうち、具体的には、就業規則や個人情報管理台帳が対策基準に該当し、苦情対応手順書や個人情報保護規程が実施手順に該当する。

イ．「対策基準」は、「基本方針」に基づき、何を実施しなければならないかという組織のルールを具体的に記述するものである。

ウ．「実施手順」は、「対策基準」に定めた内容を個々の業務においてどのように実施するかという実務上の手順や様式を具体的に定めるものである。

エ．「基本方針」は、経営者が情報セキュリティ等に取り組む姿勢を示し、社内外に宣言するものである。

|規程文書（内部規程）|

本問は、規程文書（内部規程）に関する理解を問うものである。

ア不適切。規程文書（内部規程）のうち、具体的には、就業規則や**個人情報保護規程**が対策基準に該当し、苦情対応手順書や**個人情報管理台帳**が実施手順に該当する。

イ適　切。本記述のとおりである。

ウ適　切。本記述のとおりである。

エ適　切。本記述のとおりである。

|解答：ア|

問題154. 事業所内に設置される管理委員会（個人情報保護管理委員会）及びCPO（個人情報保護管理者）に関する以下のアからエまでの記述のうち、最も適切ではないものを１つ選びなさい。

ア．管理委員会は、個人情報保護法によって、事業者内で専門部署としての設置が義務付けられている。

イ．管理委員会は、事業者内の個人データの取扱いに責任を持つ機関であり、CPOが責任者を務める。

ウ．CPOは、社外に責任をもつことができる者（役員クラス）を指名することが望ましい。

エ．事業部が複数あってCPOを複数名指名する場合は、そのCPO間での役割分担を明確にすることが望ましい。

管理委員会（個人情報保護管理委員会）及びCPO（個人情報保護管理者）

　本問は、事業所内に設置される管理委員会（個人情報保護管理委員会）及びCPO（個人情報保護管理者）に関する理解を問うものである。

ア不適切。管理委員会は、必ずしも専門部署として設置しなければならないわけではなく、個人情報保護法により設置が義務付けられているわけでもない。事業者の規模に応じて、個人データの取扱いに責任を持つ体制がとられていればよい。

イ適　切。本記述のとおりである。

ウ適　切。本記述のとおりである。

エ適　切。本記述のとおりである。

解答：ア

問題155. 組織体制の整備に関する以下のアからエまでの記述のうち、最も適切ではないものを１つ選びなさい。

ア. 組織体制の整備として、従業者の役割・責任を明確にしなければならない。具体的には、職務分掌規程や職務権限規程などの内部規程、職務記述書などの各担当者の役割や権限・責任が確認できる文書などにより明確化する。

イ. 事業者内の個人データの取扱いに責任をもつ機関である個人情報管理委員会（管理委員会）は、「個人情報保護法」によって、事業者内での設置が義務付けられている。この委員会は、漏えい事故などの問題が発生した場合の検討や、PMSの推進・点検・評価などを行う機関でもある。

ウ. 個人情報保護管理者（CPO）は、事業者の代表者が事業者の内部から指名する。CPOは、PMSを理解し、実施・運用できる能力をもった者でなければならず、個人情報の管理の責任者である性格上、いたずらに指名する者を増やし、責任が不明瞭になることは避けるようにする。

エ. 個人情報保護監査責任者（監査責任者）は、監査の実施及び報告を行う責任及び権限をもつ者であり、事業者の代表者が事業者の内部から指名する。監査責任者は、公平、かつ、客観的な立場を求められるため、CPOとの兼任は認められない。

組織体制の整備

　本問は、組織体制の整備に関する理解を問うものである。

ア適　切。本記述のとおりである。

イ不適切。事業者内の個人データの取扱いに責任をもつ機関である個人
　　　　　情報管理委員会（管理委員会）は、漏えい事故などの問題が
　　　　　発生した場合の検討や、PMSの推進・点検・評価などを行う
　　　　　機関でもあるが、その設置については、法令等によって義務
　　　　　付けられているわけではない。

ウ適　切。本記述のとおりである。

エ適　切。本記述のとおりである。

解答：イ

問題156. 派遣社員の受け入れに関する以下のアからエまでの記述のうち、
最も<u>適切ではない</u>ものを１つ選びなさい。

ア．派遣社員と派遣先との間には、指揮・命令関係はあるが、雇用関係
はないため、派遣社員は派遣先の「労働者」ではない。

イ．派遣先は、派遣社員について、個人情報保護に関する従業者の監督
の義務を負う。

ウ．派遣先が派遣社員から個人情報の取扱いに関する誓約書を取り付け
ることは、派遣先の従業者に対する監督の一環として許容される。

エ．派遣先は、労働者派遣契約の締結の際に、派遣社員の自宅住所や電
話番号などの連絡先の提出を求めるようにする。

派遣社員の受け入れ

　本問は、派遣社員の受け入れに関する理解を問うものである。

ア適　切。本記述のとおりである。

イ適　切。本記述のとおりである。

　　　　　個人情報保護法21条「従業者の監督」において、監督の対象
　　　　となる「従業者」とは次のとおりである。
　　　　　個人情報取扱事業者の組織内にあって直接間接に事業者の指揮
　　　　監督を受けて事業者の業務に従事している者等をいい、雇用関
　　　　係にある従業員（正社員、契約社員、嘱託社員、パート社員、
　　　　アルバイト社員等）のみならず、取締役、執行役、理事、監査
　　　　役、監事、派遣社員等も含まれる。

ウ適　切。本記述のとおりである。

エ不適切。派遣元が派遣先に通知しなくてはならない労働者に関わる情
　　　　報は、氏名・性別・社会保険及び雇用保険の被保険者資格取
　　　　得届の提出の有無に限定されている（労働者派遣法第35条等）
　　　　ことから、派遣先が派遣社員に対して必要以上の個人情報の
　　　　提供を求めることは妥当ではない。

解答：エ

問題157. 従業者へのモニタリングに関する以下のアからエまでの記述のうち、最も適切ではないものを１つ選びなさい。

ア．モニタリングには、ルール違反を発見するだけではなく、第三者に見られているという意識を従業者にもたせることによって、違反を予防する目的もある。

イ．モニタリングは、従業者の監視強化に当たるため、従業者が組織に不満を抱かないよう、モニタリングの規程の策定と周知を行い、従業者が必要以上に萎縮しないよう、事前通知は行わないようにする。

ウ．モニタリングの例として、監視カメラによる撮影や入退室の記録、インターネット閲覧履歴の記録、電子メールの検閲等が挙げられる。

エ．事業者には、顧客の個人情報だけではなく、従業者の個人情報に対しても安全管理が求められる。したがって、モニタリングの記録は、従業者の個人情報を含む可能性があるため、取扱いには十分注意しなければならない。

名従業者へのモニタリング

本問は、従業者へのモニタリングに関する理解を問うものである。

ア適　切。本記述のとおりである。

イ不適切。モニタリング実施にあたり、従業者が必要以上に委縮したり、組織に不満を抱いたりしないよう、モニタリングの目的を特定し、従業者へ事前通知を行う。

ウ適　切。本記述のとおりである。

エ適　切。本記述のとおりである。

解答：イ

問題158.　非開示契約に関する以下のアからエまでの記述のうち、最も<u>適切</u>
　　　　　<u>ではない</u>ものを１つ選びなさい。

　　ア．非開示の対象は個人情報だけではなく、営業秘密等の業務上知り得
　　　　た情報すべてが含まれることが通常であるが、その場合は、個人情
　　　　報に関する非開示の条項と営業秘密に関する秘密保持の条項を、峻
　　　　別することが望ましい。

　　イ．非開示契約はNDAとも呼ばれ、個人情報などの機密情報を第三者に
　　　　許可なく開示しない旨を約束する契約であり、機密保持契約と同義
　　　　で扱われる。

　　ウ．従業者を雇用する際は、非開示契約を締結することが必要であり、
　　　　非開示条項は、雇用または契約終了後も一定期間有効であるように
　　　　することが望ましい。

　　エ．雇用関係にある労働者の場合、就業規則の服務規律の条項に非開示
　　　　の義務を定めておくことはできず、非開示契約は別途作成しなけれ
　　　　ばならない。

非開示契約

　本問は、非開示契約に関する理解を問うものである。

ア適　切。本記述のとおりである。

イ適　切。本記述のとおりである。

ウ適　切。本記述のとおりである。

エ不適切。雇用関係にある労働者の場合、就業規則の服務規律の条項に非開示の義務を定めておく方法もあり、**必ずしも非開示契約を別途作成しなければならないというわけではない**。
なお、非開示条項まで労働者が認識できていないこともあるため、非開示契約は別途作成することにより認識できるようにするとよい。

解答：エ

問題159.　委託先の管理に関する以下のアからエまでの記述のうち、最も<u>適切ではないもの</u>を１つ選びなさい。

ア．　委託業務が日常化している場合、委託先の選定基準を満たす事業者をあらかじめ「委託先管理台帳」に登録しておき、その台帳に登録されている事業者から委託先を選択するが、その台帳に登録されている事業者であっても、選定基準を満たしているかどうか、定期的に確認する必要がある。

イ．　委託契約において、個人情報の取扱いに関して、委託元・委託先の双方が同意した内容を契約に盛り込むようにするが、優越的地位にある者が委託元の場合、委託先に不当な負担を課すことがあってはならない。

ウ．　個人情報と特定個人情報の双方を取り扱う委託契約を締結する場合、その委託契約の条項においては、個人情報の取扱いと特定個人情報の取扱いとを分別しなければならない。

エ．　再委託を許可する場合でも、委託先選定基準に則って再委託先を評価し、個人情報の安全管理に問題がある事業者に個人情報が預託されないようにする。

委託先の管理

　本問は、委託先の管理に関する理解を問うものである。

ア適　切。本記述のとおりである。

イ適　切。本記述のとおりである。

ウ不適切。特定個人情報を取り扱う委託契約を締結する場合、番号利用法上の安全管理措置が遵守されるのであれば、個人情報の取扱いと特定個人情報の取扱いの条項を分別する必要はないとされている。

エ適　切。本記述のとおりである。

解答：ウ

問題160. 委託先の管理に関する以下のアからエまでの記述のうち、最も<u>適切ではないもの</u>を1つ選びなさい。

ア. 委託契約には、個人データの取扱いに関する、必要かつ適切な安全管理措置として、委託元、委託先双方が同意した内容とともに、委託先における委託された個人データの取扱状況を委託元が合理的に把握することを盛り込むことが望ましい。

イ. 委託契約は口頭では契約内容や責任の所在等が不明瞭となるため成立しないため、委託契約書の作成が必須である。

ウ. 委託先の選定基準は、少なくとも委託する業務に関しては、自社（委託元）が果たすべき安全管理措置と同等以上の水準でPMSを運用していることを、客観的に確認できることを含めるようにする。

エ. 委託業務が日常化している場合、委託先の選定基準を満たす事業者をあらかじめ「委託先管理台帳」に登録してリスト化し、その台帳に登録されている事業者から委託先を選択する方法も考えられる。

委託先の管理

　本問は、委託先の管理に関する理解を問うものである。

ア適　切。本記述のとおりである。

イ不適切。委託契約は**口頭でも成立する**が、口頭だと契約内容や責任の所在等が不明瞭いなりやすいため、委託契約書を作成することが望ましい。

ウ適　切。本記述のとおりである。

エ適　切。本記述のとおりである。

解答：イ

問題161. 物理的セキュリティに関する以下のアからエまでの記述のうち、最も適切ではないものを1つ選びなさい。

ア. 物理的セキュリティ対策の観点におけるゾーニングとは、守るべき情報資産の重要度に応じて、情報の置き場所を分けることである。

イ. セキュリティレベルに応じてエリア区分を分ける際の基準や名称等は、特に統一されたものはないが、一般領域、安全領域、機密領域と3段階で分類した時、社外の者が立ち入ることができるのは一般領域である。

ウ. 「一般来客用打合せコーナー」の扉は、使用していない場合は開放しておくが、「社員通用口」の扉は、業務時間中は解錠しておき、業務時間終了後に施錠する。

エ. セキュリティレベルに応じて区分されたエリアについては、各エリア間の入退管理をはじめ、情報機器の適切な配置等、各エリアのぜい弱性と脅威に対応した物理的セキュリティを検討する。

物理的セキュリティ

　本問は、物理的セキュリティに関する理解を問うものである。

ア適　切。本記述のとおりである。

イ適　切。本記述のとおりである。

ウ不適切。「一般来客用打合せコーナー」の扉は、使用していない場合は開放しておくが、「社員通用口」の扉は、常時施錠・必要時のみ解錠して、共用スペースからの入室を制限する。

エ適　切。本記述のとおりである。

解答：ウ

問題162. 入退管理の認証方式に関する以下のアからエまでの記述のうち、最も<u>適切ではない</u>ものを１つ選びなさい。

ア. 暗証番号は、導入が簡単であるが、忘却や盗み見されるなどのリスクがあり、定期的に暗証番号を変更する必要がある。

イ. バイオメトリクス認証は、身体的特徴や行動的特徴を識別手段として利用するもので、パスワードを忘れたり、盗み見されるリスクやカードの紛失・盗難のリスクがない。

ウ. 磁気カードは、カードをリーダに通して認証情報を読み取る方式のため、接触不良の問題やカードの紛失・盗難、スキミングや偽造のリスクがある。

エ. 非接触カードは、カードにICチップを内蔵し、赤外線や電波等を利用して認証情報を読み取る方式で、フラッパーゲートと組み合わせて用いることで、入退管理を正確に行うとともに、トラッシングを防止することにつながる。

入退管理の認証方式

　本問は、入退管理の認証方式に関する理解を問うものである。

ア適　切。本記述のとおりである。

イ適　切。本記述のとおりである。

ウ適　切。本記述のとおりである。

エ不適切。非接触カードは、カードにICチップを内蔵し、赤外線や電波等を利用して認証情報を読み取る方式で、フラッパーゲートと組み合わせて用いることで、入退管理を正確に行うとともに、**ピギーバック**を防止することにつながる。
　なお、ソーシャルエンジニアリングの一つである「トラッシング」とは、典型的にはごみ箱あさりであり、情報をあさる行為全般を指す。

解答：エ

問題163. 業務で利用するスマートフォンの管理に関する以下のアからエまでの記述のうち、最も<u>適切ではない</u>ものを1つ選びなさい。

ア．あらかじめ設けられた制限を解除するジェイルブレイク等による端末の改造を禁止する。

イ．アプリは信頼できるサイトからインストールし、業務に必要のない提供元不明のアプリのインストールは認めない。

ウ．紛失時の保護手段を準備する。例えば、パスワードやPIN等による端末のロックを徹底する。

エ．スマートフォンを接続させるネットワークセグメントは、組織内の他のネットワークセグメントと分離せずに一元管理する。

業務で利用するスマートフォンの管理

　本問は、業務で利用するスマートフォンの管理に関する理解を問うものである。

ア適　切。本記述のとおりである。

イ適　切。本記述のとおりである。

ウ適　切。本記述のとおりである。

エ不適切。スマートフォンを接続させるネットワークセグメントは、組織内の他のネットワークセグメントと分離する。

解答：エ

問題164. 業務利用するスマートフォンの管理に関する以下のアからエまで
　　　　の記述のうち、最も適切ではないものを１つ選びなさい。

ア．あらかじめ設けられた制限を解除するジェイルブレイク等による端
　　末の改造を禁止する。

イ．アプリは信頼できるサイトからインストールし、業務に必要のない
　　提供元不明のアプリのインストールは認めない。

ウ．紛失したときに備えて、パスワードやPIN等による端末のロックを
　　徹底しておく。

エ．スマートフォンを接続させるネットワークセグメントは、組織内の
　　他のネットワークセグメントと分離せずに一元管理する。

業務利用するスマートフォンの管理

　　本問は、業務利用するスマートフォンの管理に関する理解を問うもので
ある。

ア適　切。本記述のとおりである。

イ適　切。本記述のとおりである。

ウ適　切。本記述のとおりである。

エ不適切。スマートフォンを接続させるネットワークセグメントは、組
　　　　　織内の他のネットワークセグメントと**分離する**。

解答：エ

問題165. システムの二重化に関する以下のアからエまでの記述のうち、最も<u>適切ではない</u>ものを1つ選びなさい。

ア. 情報システムの障害対策として、システムのバックアップ等の二重化対策が求められ、二重化対策はシステムの可用性を維持するための対策であるといえる。

イ. デュプレックスシステムとは、同じ処理を行う二系統を同時に稼働・運用し、どちらかのシステムに障害が発生したときには、他方のシステムで処理を継続する方式のことをいう。

ウ. 二重化の形態の一つであるホットサイトは、ITシステムに関わる機材やシステムの全てが、本運用とほぼ同じように設定されていて、稼働状態で待機している形態である。

エ. 二重化の形態の一つであるコールドサイトは、必要最低限の機材と空調や電気等の設備環境のみが用意されていて、災害や障害が発生した後に必要な機材を搬入して設置・設定を行う形態である。

システムの二重化

　本問は、システムの二重化に関する理解を問うものである。

ア適　切。本記述のとおりである。

イ不適切。デュアルシステムとは、同じ処理を行う二系統を同時に稼
　　　　　働・運用し、どちらかのシステムに障害が発生したときには、
　　　　　他方のシステムで処理を継続する方式のことをいう。
　　　　　なお、デュプレックスシステムとは、稼働している系統（現
　　　　　用系・本番系・稼働系）と待機している系統（待機系・予備
　　　　　系・従系）を用意し、現用系に障害が発生したときには待機
　　　　　系に切り替えて処理を継続する方式のことをいう。

ウ適　切。本記述のとおりである。

エ適　切。本記述のとおりである。

解答：イ

問題166. システムの二重化に関する以下のアからエまでの記述のうち、最も適切ではないものを１つ選びなさい。

ア．情報システムの障害対策として、システムのバックアップ等の二重化対策が求められ、二重化対策はシステムの可用性を維持するための対策であるといえる。

イ．デュプレックスシステムとは、同じ処理を行う二系統を同時に稼働・運用し、どちらかのシステムに障害発生したときには、他方のシステムで処理を継続する方式のことをいう。

ウ．二重化の形態の一つであるホットサイトは、ITシステムに関わる機材やシステムの全てが、本運用とほぼ同じように設定されていて、稼働状態で待機している形態である。

エ．二重化の形態の一つであるコールドサイトは、必要最低限の機材と空調や電気等の設備環境のみが用意されていて、災害や障害が発生した後に必要な機材を搬入して設置・設定を行う形態である。

システムの二重化

　　本問は、システムの二重化に関する理解を問うものである。

ア適　切。本記述のとおりである。

イ不適切。**デュアルシステム**とは、同じ処理を行う二系統を同時に稼
　　　　　　働・運用し、どちらかのシステムに障害発生したときには、
　　　　　　他方のシステムで処理を継続する方式のことをいう。
　　　　　　なお、デュプレックスシステムとは、稼働している系統（現
　　　　　　用系・本番系・稼働系）と待機している系統（待機系・予備
　　　　　　系・従系）を用意し、現用系に障害が発生したときには待機
　　　　　　系に切り替えて処理を継続する方式のことをいう。

ウ適　切。本記述のとおりである。

エ適　切。本記述のとおりである。

解答：イ

問題167.　以下のアからエまでのうち、経済産業省の「情報セキュリティ管理基準」における「情報セキュリティ継続」に関する次の文章中の（　　）に入る最も<u>適切な</u>語句の組合せを１つ選びなさい。

「情報セキュリティ管理基準」において、組織は、情報セキュリティの継続が事業継続マネジメントプロセス又は災害復旧管理プロセスに織り込まれているか否かを判断すると示されており、「事業継続マネジメント」は（　a　）と呼ばれ、「災害復旧管理」は（　b　）と呼ばれる。

また、事業継続及び災害復旧に関する正式な計画が策定されていない場合において、情報セキュリティ要求事項が変わらず存続すると定められない場合には、情報セキュリティの側面について事業影響度分析を実施し、通常の業務状況とは異なる困難な状況に適用できる情報セキュリティ要求事項を定めると示されており、「事業影響度分析」は、（　c　）とも呼ばれる。

ア．a．EVM 　　　　b．CRM 　　　　c．BIA

イ．a．EVM 　　　　b．DRM 　　　　c．PIA

ウ．a．BCM 　　　　b．CRM 　　　　c．PIA

エ．a．BCM 　　　　b．DRM 　　　　c．BIA

事業継続計画

　本問は、事業継続についての理解を問うものである。

　経済産業省が策定した「情報セキュリティ管理基準」における「情報セキュリティ継続」に関する記述は、次のとおりである。

「情報セキュリティ管理基準」において、組織は、情報セキュリティの継続が事業継続マネジメントプロセス又は災害復旧管理プロセスに織り込まれているか否かを判断すると示されており、「事業継続マネジメント」は**BCM**と呼ばれ、「災害復旧管理」は**DRM**と呼ばれる。

また、事業継続及び災害復旧に関する正式な計画が策定されていない場合において、情報セキュリティ要求事項が変わらず存続すると定められない場合には、情報セキュリティの側面について事業影響度分析を実施し、通常の業務状況とは異なる困難な状況に適用できる情報セキュリティ要求事項を定めると示されている。なお、「事業影響度分析」は、**BIA**とも呼ばれる。

PIA：プライバシー影響評価。個人情報の収集を伴う情報システムの導入にあたり、プライバシーへの影響を事前に評価し、情報システムの構築・運用を適正に行うことを促す一連のプロセスいう。

解答：エ

問題168. 以下のアからエまでのうち、経済産業省の「情報セキュリティ管理基準」における「情報セキュリティ継続」に関する次の文章中の（　　）に入る最も適切な語句の組合せを１つ選びなさい。

「情報セキュリティ管理基準」において、組織は、情報セキュリティの継続が事業継続マネジメントプロセス又は災害復旧管理プロセスに織り込まれているか否かを判断すると示されており、「（　a　）」はBCMと呼ばれ、「災害復旧管理」は（　b　）と呼ばれる。
また、事業継続及び災害復旧に関する正式な計画が策定されていない場合において、情報セキュリティ要求事項が変わらず存続すると定められない場合には、情報セキュリティの側面について事業影響度分析を実施し、通常の業務状況とは異なる困難な状況に適用できる情報セキュリティ要求事項を定めると示されている。なお、「事業影響度分析」は、（　c　）とも呼ばれる。

ア．a．事業継続マネジメント　　　b．DRM　　　c．BIA

イ．a．事業継続マネジメント　　　b．DRM　　　c．PIA

ウ．a．事業計画マネジメント　　　b．CRM　　　c．PIA

エ．a．事業計画マネジメント　　　b．CRM　　　c．BIA

事業継続計画

　本問は、事業継続についての理解を問うものである。

　経済産業省が策定した「情報セキュリティ管理基準」における「情報セキュリティ継続」に関する記述は、次のとおりである。

　「情報セキュリティ管理基準」において、組織は、情報セキュリティの継続が事業継続マネジメントプロセス又は災害復旧管理プロセスに織り込まれているか否かを判断すると示されており、「事業継続マネジメント」はBCMと呼ばれ、「災害復旧管理」は**DRM**と呼ばれる。また、事業継続及び災害復旧に関する正式な計画が策定されていない場合において、情報セキュリティ要求事項が変わらず存続すると定められない場合には、情報セキュリティの側面について事業影響度分析を実施し、通常の業務状況とは異なる困難な状況に適用できる情報セキュリティ要求事項を定めると示されている。なお、「事業影響度分析」は、**BIA**とも呼ばれる。

PIA： プライバシー影響評価。個人情報の収集を伴う情報システムの導入にあたり、プライバシーへの影響を事前に評価し、情報システムの構築・運用を適正に行うことを促す一連のプロセスいう。

解答：ア

問題169.　暗号化の方式に関する以下のアからエまでの記述のうち、最も<u>適切ではない</u>ものを１つ選びなさい。

ア．共通鍵暗号方式は、暗号化に使用する鍵と復号に使用する鍵に同一の鍵を使用する方式であり、代表的な暗号として、DES暗号とその後継であるAES暗号などがある。

イ．公開鍵暗号方式は、暗号化と復号に異なる鍵を使用する方式であり、代表的な暗号として、RSA暗号や楕円曲線暗号などがある。

ウ．ハイブリッド暗号方式とは、鍵の配布と管理が容易な公開鍵暗号方式と処理が高速である共通鍵暗号方式を組み合わせたもので、双方の長所を生かした暗号方式である。

エ．電子署名を支えるのは共通鍵暗号方式であり、電子署名に用いるアルゴリズムは、共通鍵暗号方式とハッシュ関数を組み合わせたものである。

〔暗号化方式〕

　　本問は、暗号化の方式についての理解を問うものである。

ア適　切。本記述のとおりである。

イ適　切。本記述のとおりである。

ウ適　切。本記述のとおりである。

エ不適切。電子署名を支えるのは公開鍵暗号方式であり、電子署名に用いるアルゴリズムは、公開鍵暗号方式とハッシュ関数を組み合わせたものである。

解答：エ

問題170. 暗号化の方式に関する以下のアからエまでの記述のうち、最も<u>適切ではない</u>ものを１つ選びなさい。

ア．共通鍵暗号方式は、暗号化に使用する鍵と復号に使用する鍵に同一の鍵を使用する方式であり、代表的な暗号として、DES暗号やその後継であるAES暗号などがある。

イ．公開鍵暗号方式は、暗号化と復号に異なる鍵を使用する方式であり、代表的な暗号として、RSA暗号や楕円曲線暗号などがある。

ウ．電子署名を支えるのは共通鍵暗号方式であり、電子署名に用いるアルゴリズムは、共通鍵暗号方式とハッシュ関数を組み合わせたものである。

エ．ハイブリッド暗号方式とは、鍵の配布と管理が容易な公開鍵暗号方式と、処理が高速である共通鍵暗号方式を組み合わせたもので、双方の長所を生かした暗号方式である。

暗号化方式

　本問は、暗号化の方式についての理解を問うものである。

ア適　切。本記述のとおりである。

イ適　切。本記述のとおりである。

ウ不適切。電子署名を支えるのは**公開鍵**暗号方式であり、電子署名に用いるアルゴリズムは、**公開鍵**暗号方式とハッシュ関数を組み合わせたものである。

エ適　切。本記述のとおりである。

解答：ウ

問題171. 以下のアからエまでの記述のうち、IDSの説明に<u>該当する</u>ものを1
つ選びなさい。

ア．ファイアウォールによって、外部ネットワークからも内部ネット
ワークからも隔離された区域のことである。ある程度セキュリティ
を保ちながら外部に公開するセグメントであり、多くの場合、Web
サーバやメールサーバなどを設置する。

イ．外部との通信を監視し、不正アクセスや不正侵入の通信を検知して、
それを自動的に遮断するシステムであり、侵入防止システムとも呼ば
れる。ネットワーク型のものとホスト型のものに大別することができ、
ネットワーク型はネットワークの境界などに専用機器として設置され、
ホスト型は個々のサーバにインストールするソフトウェアとして提供
されている。

ウ．コンピュータやネットワークにおいて、不正行為を検出し通知する
システムであり、侵入検知システムとも呼ばれる。このシステムの
侵入検知の方式には、不正検出方式と異常検出方式がある。不正検
出方式とは、あらかじめ登録されたシグネチャと呼ばれる不正侵入
のパターンと不正侵入の手口を突き合わせて検出する方式であり、
既知の手口が利用された場合に不正侵入として検出することができ
る。

エ．アプリケーションのぜい弱性をつく攻撃から、アプリケーションを
防御するためのハードウェアまたはソフトウェアであり、Webアプ
リケーションに対する攻撃を防御することに特化したファイア
ウォールであるといえる。

IDS

　本問は、IDS（Intrusion Detection System：侵入検知システム）に関する理解を問うものである。

ア該当しない。 DMZ（DeMilitarized Zone）の説明である。

イ該当しない。 IPS（Intrusion Prevention System）の説明である。

ウ該当する。 　本記述のとおりである。

エ該当しない。 WAF（Web Application Firewall）の説明である。

解答：ウ

問題172. 以下のアからエまでの記述のうち、IDSの説明に<u>該当する</u>ものを1つ選びなさい。

ア．アプリケーションのぜい弱性をつく攻撃から、アプリケーションを防御するためのハードウェアまたはソフトウェアであり、Webアプリケーションに対する攻撃を防御することに特化したファイアウォールであるといえる。

イ．外部との通信を監視し、不正アクセスや不正侵入の通信を検知して、それを自動的に遮断するシステムであり、侵入防止システムとも呼ばれる。ネットワーク型のものとホスト型のものに大別することができ、ネットワーク型はネットワークの境界などに専用機器として設置され、ホスト型は個々のサーバにインストールするソフトウェアとして提供されている。

ウ．ファイアウォールによって、外部ネットワークからも内部ネットワークからも隔離された区域のことである。ある程度セキュリティを保ちながら外部に公開するセグメントであり、多くの場合、Webサーバやメールサーバなどを設置する。

エ．コンピュータやネットワークにおいて、不正行為を検出し通知するシステムであり、侵入検知システムとも呼ばれる。このシステムの侵入検知の方式には、不正検出方式と異常検出方式がある。不正検出方式とは、あらかじめ登録されたシグネチャと呼ばれる不正侵入のパターンと不正侵入の手口を突き合わせて検出する方式であり、既知の手口が利用された場合に不正侵入として検出することができる。

IDS

　本問は、IDS（Intrusion Detection System：侵入検知システム）に関する理解を問うものである。

ア該当しない。 WAF（Web Application Firewall：Webアプリケーションファイアウォール）の説明である。

イ該当しない。 IPS（Intrusion Prevention System：不正侵入防止システム）の説明である。

ウ該当しない。 DMZ（DeMilitarized Zone：非武装地帯）の説明である。

エ該当する。　本記述のとおりである。

解答：エ

問題173. セキュアプロトコルに関する以下のアからエまでの記述のうち、最も適切ではないものを１つ選びなさい。

ア．S/MIMEとは、Webブラウザとサーバ間の通信で情報を暗号化して送受信するために用いられるプロトコルである。認証・暗号化・改ざん検出の機能があり、インターネット上で通信を暗号化して送受信できるようにする。

イ．SSHとは、遠隔地の端末の操作やファイル転送の際に利用されるプロトコルである。この接続には、パスワード方式による通信もあるが、公開鍵暗号方式によって暗号化通信を行うのが一般的である。

ウ．HTTPSは、WebサーバとWebブラウザがデータを安全に送受信するために、SSL/TLSプロトコルによって生成されるセキュアな接続上でデータのやり取り（HTTP通信）を行う方式である。httpsで始まるURLのWebサイトにアクセスすると、ブラウザに鍵マークが表示される。

エ．IPsecとは、IPパケットレベルでの認証や暗号化などに用いられるプロトコルである。認証・暗号化・改ざん検出・トンネル構築の機能があり、インターネット上で通信を暗号化して送受信できるようにする。

セキュアプロトコル

本問は、セキュアプロトコルに関する理解を問うものである。

ア不適切。SSL/TLS とは、Webブラウザとサーバ間の通信で情報を暗号化して送受信するために用いられるプロトコルである。認証・暗号化・改ざん検出の機能があり、インターネット上で通信を暗号化して送受信できるようにする。

なお、**S/MIME** とは、電子メールの内容を暗号化したり、電子メールに電子署名を付加したりする際の標準規格である。

イ適 切。 本記述のとおりである。

ウ適 切。 本記述のとおりである。

エ適 切。 本記述のとおりである。

解答：ア

問題174. セキュアプロトコルに関する以下のアからエまでの記述のうち、
　　　　最も適切ではないものを１つ選びなさい。

　ア．HTTPSは、WebサーバとWebブラウザがデータを安全に送受信するた
　　　めに、SSL/TLSプロトコルによって生成されるセキュアな接続上で
　　　データのやり取り（HTTP通信）を行う方式である。httpsで始まる
　　　URLのWebサイトにアクセスすると、ブラウザに鍵マークが表示
　　　される。

　イ．SSHとは、遠隔地の端末の操作やファイル転送の際に利用されるプ
　　　ロトコルである。この接続には、パスワード方式による通信もある
　　　が、公開鍵暗号方式によって暗号化通信を行うのが一般的である。

　ウ．IPsecとは、IPパケットレベルでの認証や暗号化などに用いられる
　　　プロトコルである。認証・暗号化・改ざん検出・トンネル構築の機
　　　能があり、インターネット上で通信を暗号化して送受信できるよう
　　　にする。

　エ．S/MIMEとは、Webブラウザとサーバ間の通信で情報を暗号化して送
　　　受信するために用いられるプロトコルである。認証・暗号化・改ざ
　　　ん検出の機能があり、インターネット上で通信を暗号化して送受信
　　　できるようにする。

セキュアプロトコル

　本問は、セキュアプロトコルに関する理解を問うものである。

ア適　切。本記述のとおりである。

イ適　切。本記述のとおりである。

ウ適　切。本記述のとおりである。

エ不適切。**SSL/TLS**とは、Webブラウザとサーバ間の通信で情報を暗号化して送受信するために用いられるプロトコルである。認証・暗号化・改ざん検出の機能があり、インターネット上で通信を暗号化して送受信できるようにする。

　　　　　　なお、**S/MIME**とは、電子メールの内容を暗号化したり、電子メールに電子署名を付加したりする際の標準規格である。

解答：エ

問題175. 電子メールに関する以下のアからエまでの記述のうち、最も<u>適切</u><u>ではないもの</u>を１つ選びなさい。

ア．メールアドレスの誤入力等、意図しない宛先に電子メールが送信されてしまうことを防ぐためには、メール送信ボタンを押してもすぐには送信されず、いったん「送信トレイ」に保存される送信保留機能を使うことが挙げられる。

イ．電子メールの宛先アドレスを誤って入力してしまう原因の１つとして、オートコンプリートと呼ばれる自動補完機能によるアドレスの誤入力が挙げられる。

ウ．複数の人に同一内容のメールを送信する場合は、宛先をCCまたはBCCにする一斉同報メールを利用するが、本来、CCで送るべきところをBCCで送ってしまったことにより、受信者に他のすべての受信者のメールアドレスがわかってしまう、という事例が多く発生している。

エ．個人情報等を電子メールで送信するとき、誤送信を防止するため、宛先や送信内容を確認するルールを決め、それを遵守する。

電子メール

　　本問は、電子メールに関する理解を問うものである。

ア適　切。本記述のとおりである。

イ適　切。本記述のとおりである。

ウ不適切。複数の人に同一内容のメールを送信する場合は、宛先をCCまたはBCCにする一斉同報メールを利用するが、本来、BCCで送るべきところをCCで送ってしまったことにより、受信者に他のすべての受信者のメールアドレスがわかってしまう、という事例が多く発生している。

エ適　切。本記述のとおりである。

解答：ウ

問題176. 無線LANのセキュリティに関する以下のアからエまでの記述のうち、最も適切ではないものを１つ選びなさい。

ア．ESSIDが空欄またはESSIDとして「ALL」を使用すると、すべてのアクセスポイントに接続が可能となるため、これらのESSIDを使用している無線LANクライアントの接続を拒否する設定にする。

イ．ESSIDのステルスとは、無線LANアクセスポイントは自身のESSIDを知らせるためのビーコン信号を送信している。このビーコン信号を停止してクライアントのESSID一覧にアクセスポイントが表示されないようにし、アクセスポイントの存在を知らせない機能のことをいう。

ウ．MACアドレスフィルタリングとは、機器固有の情報であるMACアドレスをアクセスポイント等にあらかじめ登録しておき、登録したMACアドレス以外の端末からの接続を拒否することでアクセス制御を行う機能である。

エ．WPA3とは、Wi-Fi Allianceによって策定された、2018年に発表された無線LANの暗号化技術のことで、これまでの暗号化プロトコルよりも強固なセキュリティが実現されており、個人や家庭・小規模オフィス向けと大規模オフィス向けの２つのタイプがある。

無線LANのセキュリティ

本問は、無線LANのセキュリティに関する理解を問うものである。

ア不適切。ESSIDが空欄またはESSIDとして「ANY」を使用すると、すべてのアクセスポイントに接続が可能となるため、これらのESSIDを使用している無線LANクライアントの接続を拒否する設定にする。

イ適　切。本記述のとおりである。

ウ適　切。本記述のとおりである。

エ適　切。本記述のとおりである。

解答：ア

問題177. 以下のアからエまでのうち、無線LANのセキュリティに関する次の
文章中の（　　）に入る最も<u>適切な</u>語句の組合せを１つ選びなさい。

（　a　）とは、無線LANにおけるアクセスポイントを指定する識別子
の機能を、複数のアクセスポイントを設置したネットワークでも使え
るように拡張したものである。アクセスポイントと各端末に（a）を
設定して、同じ（a）を設定した機器だけを接続させることにより、
混信を避けることができる。ただし、セキュリティ対策としてはぜい
弱であるため、（　b　）の有効化や（　c　）拒否などの対策を行う
必要がある。
（b）は、アクセスポイントが自身の（a）を知らせるために発信す
るビーコン信号を停止して、アクセスポイントの存在を知らせないよ
うにするための機能である。また、（c）拒否とは、アクセスポイント
で、（a）が（　d　）の設定になっている端末を拒否する対策であ
る。この接続を拒否することで、不特定端末からの接続を禁止するこ
とができる。

ア．a．WWID　　　　　　　b．サスペンド　　　c．ANY接続
　　d．ANYまたは空欄

イ．a．ESSID　　　　　　　b．ステルス機能　　c．ANY接続
　　d．ANYまたは空欄

ウ．a．ESSID　　　　　　　b．サスペンド　　　c．カスケード接続
　　d．アクセスポイント名

エ．a．WWID　　　　　　　b．ステルス機能　　c．カスケード接続
　　d．アクセスポイント名

無線LANのセキュリティ

本問は、無線LANのセキュリティに関する理解を問うものである。

> ESSIDとは、無線LANにおけるアクセスポイントを指定する識別子の機能を、複数のアクセスポイントを設置したネットワークでも使えるように拡張したものである。アクセスポイントと各端末にESSIDを設定して、同じESSIDを設定した機器だけを接続させることにより、混信を避けることができる。ただし、セキュリティ対策としてはぜい弱であるため、ステルス機能の有効化やANY接続拒否などの対策を行う必要がある。
> ステルス機能は、アクセスポイントが自身のESSIDを知らせるために発信するビーコン信号を停止して、アクセスポイントの存在を知らせないようにするための機能である。また、ANY接続拒否とは、アクセスポイントで、ESSIDがANYまたは空欄の設定になっている端末を拒否する対策である。この接続を拒否することで、不特定端末からの接続を禁止することができる。

解答：イ

問題178. 不正ソフトウェア対策に関する以下のアからエまでの記述のうち、最も適切ではないものを１つ選びなさい。

ア. OSやアプリケーション等に対するセキュリティパッチを適用する。セキュリティパッチの更新後に有効性や動作の安定性を確認する必要はない。

イ. 経済産業省の「コンピュータウイルス対策基準」では、ウイルス対策ソフトウェアのパターンファイルは常に最新のものを使い、定期的にウイルス検査を行うと示されている。

ウ. 業務で使用するスマートフォンやタブレットにも、アプリのダウンロードやアプリの実行に伴ってウイルスに感染する危険性があるため、ウイルス対策ソフトウェアを導入する必要がある。

エ. 社内ネットワークに接続しているコンピュータに、マルウェアの侵入・感染が確認された際、最も早い段階で行うべきことは、感染したコンピュータに接続されている機器の抜線や、システム全体のネットワークからの遮断である。

不正ソフトウェア対策

　本問は、不正ソフトウェア対策に関する理解を問うものである。

ア不適切。OSやアプリケーション等に対するセキュリティパッチを適用する。セキュリティパッチの更新後に有効性や動作の安定性を確認する。

イ適　切。本記述のとおりである。

ウ適　切。本記述のとおりである。

エ適　切。本記述のとおりである。

解答：ア

問題179. 情報システムの動作確認時の対策に関する以下のアからエまでの
記述のうち、最も<u>適切ではないもの</u>を
1つ選びなさい。

ア．情報システムの動作確認において、テスト環境と本番環境は同一環
境で行い、システムの利用領域を分離させなくてもよい。

イ．情報システムの動作確認時のテストデータとして個人情報等の重要
情報を利用しない。

ウ．テスト後のテストデータは、組織のルールや手順に則って、特定の
管理者が保管または破棄する必要がある。

エ．情報システムの変更により、Webサイトやモバイルサイトに公開す
べきでない個人情報等が閲覧できるようになっていないか公開前に
確認する。

情報システムの動作確認時の対策

　本問は、情報システムの動作確認時の対策についての理解を問うもので
ある。

ア不適切。情報システムの動作確認において、テスト環境と本番環境は
分離する。同一環境を利用せざるを得ない場合は、システム
の利用領域を分離する。

イ適　切。本記述のとおりである。

ウ適　切。本記述のとおりである。

エ適　切。本記述のとおりである。

解答：ア

問題180. 「特定個人情報の適正な取扱いに関するガイドライン（事業者編）」の「（別添1）特定個人情報に関する安全管理措置（事業者編）」における技術的安全管理措置に関する以下のアからエまでの記述のうち、最も適切ではないものを1つ選びなさい。

ア. 特定個人情報等をインターネット等により外部に送信する場合、通信経路における情報漏えい等を防止するための措置を講ずるための手法の例示として、データの暗号化又はパスワードによる保護等が挙げられている。

イ. 情報システムを使用して個人番号関係事務又は個人番号利用事務を行う場合、事務取扱担当者及び当該事務で取り扱う特定個人情報ファイルの範囲を限定し、適切なアクセス制御を行うための手法の例示として、特定個人情報ファイルを取り扱うことのできる情報システム端末等を限定することが挙げられている。

ウ. 情報システムを外部からの不正アクセス又は不正ソフトウェアから保護する仕組みを導入し、適切に運用するための手法の例示として、ログ等の分析を定期的に行い、不正アクセス等を検知することが挙げられている。

エ. 情報システムを外部からの不正アクセス又は不正ソフトウェアから保護する仕組みを導入し、適切に運用するための手法の例示として、機器やソフトウェア等に標準装備されている自動更新機能等は活用せず、ソフトウェア等を導入時の状態とすることが挙げられている。

技術的安全管理措置

本問は、「特定個人情報の適正な取扱いに関するガイドライン（事業者編）」の「（別添1）特定個人情報に関する安全管理措置（事業者編）」における技術的安全管理措置についての理解を問うものである。

ア適　切。本記述のとおりである。

イ適　切。本記述のとおりである。

ウ適　切。本記述のとおりである。

エ不適切。情報システムを外部からの不正アクセス又は不正ソフトウェアから保護する仕組みを導入し、適切に運用するための手法の例示として、機器やソフトウェア等に標準装備されている**自動更新機能等の活用により、ソフトウェア等を最新状態とする**ことが挙げられている。

解答：エ

マイナンバー保護士認定試験 公式精選問題集

2024年 5月 27日　初版第 1 刷発行

編　者　一般財団法人 全日本情報学習振興協会

発行者　牧野 常夫

発行所　一般財団法人 全日本情報学習振興協会
　　　　〒101-0061　東京都千代田区神田三崎町3-7-12
　　　　　　　　　　　　　　　　清話会ビル5F
　　　　TEL：03-5276-6665

販売元　株式会社 マイナビ出版
　　　　〒101-0003　東京都千代田区一ツ橋2-6-3
　　　　　　　　　　　　　　　一ツ橋ビル2F
　　　　TEL：0480-38-6872（注文専用ダイヤル）
　　　　　　03-3556-2731（販売部）
　　　　URL：http://book.mynavi.jp

印刷・製本　大日本法令印刷株式会社

©2024　一般財団法人 全日本情報学習振興協会
ISBNコード　978-4-8399-8704-6　C2034
Printed in Japan